社会主义核心价值体系建设

“双百”出版工程

项 目

/ 100位

新中国成立以来感动中国人物/

刘英俊

孔德生/编著

吉林文史出版社

《100位新中国成立以来感动中国人物》丛书

编 委 会

前言

每个人的心中都多少有一点英雄情结，都向往英雄、景仰英雄。也正因此，在中华人民共和国建国六十周年之际，由中央十一部委联合组织开展的“100 位为新中国成立作出突出贡献的英雄模范人物和 100 位新中国成立以来感动中国人物”的评选活动中，群众参与投票总数近一亿。这其中的每一张选票，都表达了人们对英雄模范的崇敬之情，寄托着对伟大祖国的美好祝福。

一个民族不能没有英雄，否则这个民族就不会强大。当国家危难之时，懦弱者选择了逃避、妥协甚至投降，英雄们却挺身而出，用热血捍卫民族的尊严，人民的幸福。在创立和建设新中国的伟大历程中，涌现出无数可歌可泣的英雄模范人物。他们之中，有为了民族独立和人民解放而英勇牺牲的革命先烈，有为了党和人民的事业而不懈奋斗的优秀共产党员，有在全民族抗战中顽强奋战、为国捐躯的爱国将士，有英勇杀敌的战斗英雄和革命群众，有积极从事进步活动的著名民主爱国人士和国际友人……他们是民族的脊梁、祖国的骄傲，是激励全体人民团结奋斗的精神力量。

《100 位新中国成立以来感动中国人物》丛书，就像一部星光璀璨的英雄谱，真实、完整地记录了英雄模范人物不平凡的一生，再现了他们非凡的人格魅力和精神世界。舍身堵枪眼的黄继光，拼命也要拿下大油田的王进喜，中国原子弹之父邓稼先，新时期领导干部的楷模孔繁森……一串串闪光的名字，一个个动人的故事，犹如群星闪烁，光耀中华。

当今中国正处于伟大变革的时代，迫切需要涌现出一大批勇于承担历史使命、为祖国和人民奉献一切的先进人物。在“双百”人物崇高精神的引领下，在建设社会主义现代化国家的征程中，必将英雄辈出。

生平简介

刘英俊（1945–1966），男，汉族，吉林省长春市人，中共党员。

刘英俊出生在一个农民家庭，生活极端贫苦，从小家教严格，受到良好的熏陶。学生时代，刘英俊热爱党、热爱祖国、热爱人民、热爱社会主义，是个学习刻苦、助人为乐、勤劳勇敢、乐观向上的有理想有追求的好少年。1962 年，17 岁的刘英俊怀着报效祖国的强烈愿望，应征入伍，成为沈阳军区 3029 部队驻佳木斯第二十三军六十七师二〇〇团重炮连三班一名光荣的中国人民解放军战士。他参军的第二年，正值毛泽东主席发出"向雷锋同志学习"的伟大号召。刘英俊积极响应，时时处处以雷锋为榜样，决心做一名雷锋式的好战士。

刘英俊在日记中写道："一个人无论是活多长时间，他的死，只要是献给党的壮丽的共产主义事业，那就是无限光荣的，有价值的。雷锋能，我也能。"他学雷锋最大的特点就是言行一致，从点滴做起，从身边做起。在连队，他是"业余修理员"；在医院住院，他是"劳动休养员"；出差途中，他是"义务勤务员"；在部队驻地，他是附近小学校的"校外辅导员"。他像雷锋那样闲不住，有空就为群众做好事。他也像雷锋那样，做好事不留姓名。

1966 年 3 月 15 日，刘英俊随战友们赶着炮车到郊外执行任务途中，辕马突然受惊，在人行道上狂奔，6 名儿童的生命危在旦夕。关键时刻，刘英俊用尽全身力气踢倒惊马。6 名儿童转危为安，而他却被重重地压在翻倒的车底，因抢救无效，英勇牺牲，年仅 21 岁。刘英俊用自己的英雄壮举履行了自己的人生诺言，中国人民解放军总政治部向全军发出了向人民的好儿子、雷锋式的好战士刘英俊学习的号召。刘英俊成为一个家喻户晓、尽人皆知的时代英雄。

◀刘英俊

目录 MULU

人民英雄　时代楷模（代序）

一个没有英雄的民族是没有希望的民族。平凡而伟大的共产主义战士刘英俊，让人感受到英雄不是抽象的枯燥的概念，而是一种震撼心灵、催人奋起的精神，而这种精神正是国家腾飞、民族振兴的希望所在。

1966 年 3 月 15 日，刘英俊与战友们到佳木斯市郊外执行训练任务，途中一辆炮车的辕马听到汽车的喇叭声突然受惊掉头猛跑。公路上车来人往，车马径直朝人群冲去，情况十分危急。担任炮车驭手的刘英俊用肩膀猛抵惊马的脖子，惊马被迫拐上公路左侧的小道。刘英俊拉紧缰绳，惊马继续飞奔。这时，在炮车前面不远处有 6 名儿童……在这千钧一发的紧要关头，刘英俊不顾个人危险，用力将缰绳在胳膊上猛缠几道，然后猛力一拉，使惊马前蹄腾空而起。接着，他双脚伸向马的后腿，使尽全身力气踢倒惊马。6 名儿童安然脱险，他却被压在翻倒的车底。由于伤势过重，经抢救无效，英勇牺牲，年仅 21 岁。刘英俊所在部队党委给他追记一等功，追认他为中国共产党正式党员。中国人民解放军总政治部向全军发出向人民的好儿子、雷锋式的好战士刘英俊学习的号召。

对于当代青年来说，刘英俊的名字也许是陌生的，因为他离开我们已经近半个世纪了，但是热爱生命的人永远值得崇敬，尤其是那些为此而失去了年轻生命的人。

刘英俊牺牲后，军队系统、刘英俊的家乡长春市和烈士牺牲地佳木斯市首先行动起来，中国人民解放军沈阳军区举行学习刘英俊大会，长春市和佳木斯市分别召开万人大会，掀起了纪念刘英俊、向刘英俊学习的热潮。《解放军报》为此连续刊发四篇社论，新华社向国内外播发了介绍刘英俊事迹的长篇通讯。刘英俊的英雄事迹传开以后，全国各大报纸、刊物、广播电台纷纷刊登和播送了学习刘英俊的文章，宣传刘英俊的英雄事迹。1966 年 7 月 13 日，《人民日报》用整版篇幅发表了长篇报道《向伟大的共产主义战士刘英俊学习》。1966 年 7 月 28 日，《人民日报》发表了题为《人民的好儿子》的社论，高度评价了英雄平凡而伟大的一生。中华人民共和国邮电部为刘英俊烈士发行了一套纪念邮票共 6 枚。中国人民解放军第二十三军党委追认他为中国共产党党员，并追记一等功。总政治部、中华全国总工会、共青团中央、全国妇联、东北局、华东局、中南局、吉林省委、黑龙江省委、长春市委、佳木斯市委……都发出了通知，号召各行各业大力开展宣传学习刘英俊活动。从此，一个宣传学习刘英俊的高潮在全国各地迅速兴起。

刘英俊生活在火热的上世纪 60 年代，成长在人民军队的大熔炉之中，是学习雷锋的好榜样。正是平时多年的培养和磨炼，使他业务上、思想上不断进步不断成熟。这样，到了关键时刻，到了党和人民需要有人挺身而出的时候，他才能够毅然决然地做出最重大的抉择，哪怕是献出自己的生命。刘英俊是一个平实的英雄，一个时代的先锋。正因为他真实、质朴，而显得更加可爱、可敬。人们无不被刘英俊感动着，纷纷追忆英雄，宣传英雄，学习英雄，在各自不同的岗位上争当先锋模范。特别是青年一代，更是满怀壮志豪情，学英雄，见行动，决心弘扬刘英俊精神，争做社会主义建设的栋梁。刘英俊，真正的英雄；刘英俊，时代的楷模。

成长的脚步

苦难童年

刘英俊的父亲刘天禄，祖籍山东省寿光市古城乡桥子村，1931 年，9 岁时闯关东到了大连，同年秋又来到长春广泰恒磨米作坊当了装卸工。母亲朱秀兰是刘爷爷花 130 块大洋给大儿子刘天禄买来的媳妇，于 1943 年来长春寻亲。当时，刘天禄没钱租房子，只能在东郊八里堡找一个废弃的砖窑当作临时栖身之所。1945 年 5 月 19 日，刘英俊就降生在离市区并不远的二道河子区八里堡镇。刘英俊出生后，家人饱受日本帝国主义压迫，伪满警察抓劳工时将父亲刘天禄打成重伤，侥幸被释放回家后卧床不起。为养活父子二人，母亲朱秀兰被迫在月子里的第八天，就冒着寒风下地干活了。

拼命外出打工的父亲和贪黑起早种菜卖菜的母亲终于在老砖窑原址盖起了两间小土房，他们总算有了自己的家，一家人高兴得不得了。不久，日本鬼子被打跑了，可国民党紧跟着开进了长春。一天，一队国民党兵闯进刘家，宣布“国军”为修筑炮楼急需木材，以所谓“政府令”强行拆毁了刘家的新房子，全家再一次无家可归，只好搬到一个同样贫困潦倒的亲戚

△ 刘英俊宣传画

家寄住。

1948 年，刘英俊的大弟弟降生，年仅 4 岁的他不得不担负起照看弟弟的职责。真是穷人的孩子早当家，不知不觉之间，刘英俊已经学会了给弟弟换洗尿布、熬小米粥喝。弟弟 10 个月大时，一队穷凶极恶的国民党兵闯到刘家抢粮，母亲被踹倒，怀里的孩子也被摔在地上，几天后就病死了。1949 年，刘英俊又有了第二个弟弟，但因家中极度贫困，没能养活，出生没几个月就夭折了。于是，刘家再无儿女，只剩下刘英俊一棵独苗。炮火连天之中，凄凄惨惨的刘英俊一家三口逃到了已是解放区的九台，直到长春宣告解放才回到了长春城里。

苦难不会永远伴着穷人，伟大的中国共产党解放了全国人民，创建了新中国，一个崭新的时代终于到来了。父母喜出望外，教导儿子千万不要忘记共产党和解放军。不谙世事的刘英俊当时就一本正经地表示："爹，娘，我长大了也要当共产党、解放军！"

少年英才

☆☆☆☆☆

刘英俊小的时候，经常叫父母给他讲旧社会的故事。当父母讲到他叔叔被国民党反动派杀害的情形时，他气得小眼睛瞪得溜圆，举着小拳头说："我长大了一定参军给叔叔报仇！"而当父母对他讲到党和毛主席领导劳苦大众翻身闹革命建立新中国时，他情不自禁地激动得连声高喊"毛主席万岁！"

1954年，9岁的刘英俊来到东站小学读书。母亲亲自送刘英俊上学，希望儿子日后能成才。儿时的刘英俊很可爱，母亲爱这个孩子，但从不溺爱。他生在旧社会，长在新社会，没有受过更多的苦，年岁稍大点时，连带补丁的衣服都不爱穿了。当发现刘英俊身上存在着一些毛病时，家教严格的母亲痛打了刘英俊一顿，为了教育他不要忘本，又特意拉他到出生地破砖窑旧址，对他痛说家史。刘英俊不解地问："妈，你带我到这个地方来干什么？"母亲说："英俊啊！在旧社会这就是咱们的家啊！"他说："这个地方连腰都直不起来，怎能住人呢？"母亲说："孩子，妈就是在这个地方生的你。那时候，妈跟你爹从大连跑到这里做苦工，连个落脚的地方都没有，咱只好住在这个破窑里。妈生你的时候，一连三天没有一颗粮下肚，连口热水都喝不上呀！那时候，妈穿的破衣服，后背都磨漏了，可连块补丁布都没钱买啊！想想过去，看看现在，你长在新社会连带补丁的衣裳都不愿意穿了，这不是忘本了吗？要不是党和毛主席从火海里把咱救出来，别说穿衣服，咱们的命也不知道到哪儿去了。"刘英俊听着听着眼里噙满了热泪跟母亲说："妈，我错了……"

母亲的一席话，使刘英俊受到了深刻教育。他懂得了，没有国就不可能有家，要节俭过日子，为国分忧。他也明白了，为什么自己做错一件事，哪怕一件小事，母亲都那么伤心。他动情地对母亲说："您放心，我一定好好学习，做一个像烈士叔叔那样的人。我长大了也要参军，打美帝打老蒋，为他们报仇！"复仇的种子在刘英俊心中萌发。刘家的苦难家世，母亲的严格管教，使他渐渐明白了许多道理，他牢牢地记住了母亲讲的"要好好读书，要听毛主席的话"，把"好好学习，天天向上"写在每个小本子上面。从此，刘英俊开始记日记，到参军之前，他整整记满了厚厚的六本日记。

毕业证书

学生刘英俊系山东省寿光县(市)人，现年十五岁，在本校高小修业期满，具备毕业条件，准予毕业。此证。

校长

1960年7月18日

△ 刘英俊的高小毕业证书

从此以后，刘英俊各方面都有了不小的变化。他用节省下来的零花钱，买了两张毛主席像，做了两个镜框镶起来挂在墙上。他打心眼儿里热爱伟大领袖毛主席。早晨上学，晚上放学，他总要望一望毛主席像，嘴里唱着：“天上有颗北斗星，地上有个毛泽东……”以后，他学习也更加用心了，各种劳动活都抢着干，遇见别人有困难，想尽办法去帮助。在他念书的时候，就被评为勤工俭学的模范、优秀少先队员，还受到过区、市共青团组织的奖励和表扬。

刘英俊小时名叫刘顺兴，长大后他觉得自己这个名字太平淡，一点革命气息都没有，便向老师提出要改名。老师听了他的理由，支持他，但告诉他此事必须通过派出所，还得经过父母同意才行。回家一说，父亲坚决反对。几天来，他闷不作声，可脑袋里一直想着改名的事儿。这一天，一位身为解放军营长的叔伯哥哥前来做客，他趁机把自己要改名的想法向哥哥讲了。哥哥觉得有道理，便对叔叔刘天禄说："弟弟有志向，我看就改了吧。也许改了名，还能激励他好好地成长进步呢。"父亲终于同意了，哥哥马上问他到底想起个什么有意义的新名字。他不假思索地说："反正我要学英雄，做英雄！"才思敏捷的哥哥一拍桌子："那就叫英俊吧！'英'字就是学英雄，做个完美的人，'俊'字可作俊杰，也表示男子汉的潇洒风度。""太好了！"他高兴得跳了起来。从此，刘英俊的名字叫开了。

刘英俊从小就热爱学习，并且成绩十分优异，六门功课只有一科是 4 分，其他都是 5 分。他勤劳勇敢，乐于助人，经常帮同学理发，背同学上学。邻居李大娘家着火了，大人们都在田间劳动，他立即赶到现场，砸开窗户，毫不犹豫地冲进火海，头发烧着了，手碰伤了，他全然不顾，三进三出，终于把李大娘家贵重物品全部抢救了出来。读小学三年级的时候，他捡到一块金表，想都没想就交给了老师，这种拾金不昧的精神，受到了团市委和二道河子区的表扬。

在曾经和刘英俊一起上过小学的王守吉心目中，刘英俊少年才俊，从小就是一个毛主席的好学生。在短短的几年里，刘英俊给同学们留下了深刻的印象。

印象之一：向革命前辈学习。一天早晨，刘英俊和平常一样，很早就到学校来打扫教室。当他扫地的时候，突然发现地板上有一块怀表。他赶快拾起表，心里想：这一定是工人叔叔丢的，叔叔丢了表一定会很着急，没有了表，误了上班时间，可是大事。于是他急忙放下扫把，找到班主任，把表交给了老师，并要求立刻把表送回给工人叔叔。当工人叔叔拿到表的时候十分感动地说："新时代的孩子真可爱，刘英俊真是毛主席的好孩子。"当地的共青团组织专为这件事表扬过刘英俊，并奖给了他几本革命书籍。刘英俊拿到这几本书后激动地说："我一定要好好学习这些书，要像革命长辈那样，永远跟着党和毛主席，听毛主席的话，做毛主席的好孩子。"他不但自己看、自己学，还把这些书推荐给同学，让大家都看、都学。书中的英雄人物教育了大家，使同学们更热爱党，更热爱毛主席了。

印象之二：一封表扬信。刘英俊从小就关心同学，有强烈的阶级感情。记得有一天放学后，同学们都排队出校门，四年级有个同学突然晕倒了。刘英俊看到这种情况，飞快地跑到跟前，背起这位同学就朝卫生所奔去。一路上刘英俊和那个班的班主任吴老师都累得满头大汗，到了卫生所后，他一直陪在那位同学的身旁，直到经过抢救那个同学醒过来，他才回家去。第二天，吴老师以全班的名义写来一封表扬信，表扬刘英俊关心同学的好品质，并表示要向他学习。

印象之三：热心的理发员。为了更好地贯彻教育与生产劳动相结合的教育方针，刘英俊和王守吉自告奋勇地去学习理发。他很快掌握了理发技术，然后就开始热心地为同学服务。他不等同学来找他理发，主动地想办法多为同学服务。他平时总是留意同学的头发长不长，发现应该理的就记在心里，等到那位同学一有空，就主动地去给他理发。同学们都夸他："咱们的'理发员'可真好，想得真周到啊。"学校还在大会上表扬了他，号召同学们学习他这种全心全意为人民服务的精神。在小学读书的几年里，刘英俊努力学习，天天向上，他在党的阳光雨露哺育下迅速成长。

刘英俊作为普通农民的儿子，和父辈一样勤劳、善良、憨厚、无私。他在父母的影响下，在学校老师的教育下，在党的阳光雨露的滋润下，健康茁壮地成长着。他无限热爱祖国、热爱党、崇拜英雄、爱护集体、尊敬师长……这真诚的爱支配着他的一言一行，使他能够无私地奉献着自己的一切。

立志参军

☆☆☆☆☆

刘英俊入伍十分不容易。他是独生子，当年才 17 岁，年龄和条件都不够。他给在陕西一个县人武部当部长的叔伯哥哥刘英文写信，打听独生子入伍需要什么手续。刘英文看了他的信被他的决心所感动，就写了回信，告诉他说简单也简单，一是自己志愿，二是父母同意，这就行了。

1962 年 6 月 17 日，刘英俊正式写下了入伍申请书："我志愿申请报名应征入伍，去担负起保卫祖国的光荣任务。因为我是中华人民共和国的一个公民，我有保卫祖国的神圣职责。帝国主义还存在，战争就会存在，因为帝国主义的本质是好战的。我们要做好充分的准备，防止战争的爆发。一旦帝国主义发动了战争，我们就挺起胸膛走向战场，去消灭敌人，消灭战争，来保卫人民的幸福生活，捍卫祖国的领土和边疆，夺回祖国的领土台湾，让它重回到祖国的怀抱，把受苦难的台湾同胞从水火中救出来。我是一个独生子，使我感到最高兴的是二位老人能支持我去应征入伍，去担负起保卫祖国、保卫人民的重大责任，我有颗火热的心，决心到保卫祖国的岗位上去。我宣誓，我一定要到保卫祖国的前线，去捍卫祖国的领土和边疆。这使我不能不联想到我生长在这样的国土里，生长在毛泽东时代而自豪。这样的生活从何处来？这是我们的前辈用鲜血换来的，所以我决心去应征入伍，用我的实际行动来报答老前辈对我的希望。虽然人的生命只有一条，但是生命的宝贵比不上祖国更宝贵。只要我一心一意为祖国，为了人民，为了真理，哪怕牺牲了自己的生命，失去了自己的青春，我也感到骄傲和自豪，也是光荣的，也是幸福的，请组织上相信我，一定批准我去，到艰苦的地方去锻炼自己，成为最坚强的人，成为光荣的人民战士。”

说起刘英俊当兵的经历，还有一段鲜为人知的故事。刘英俊的家庭有特殊的背景，他有两位叔父，为了革命献出了自己的生命，因为

他家里有两位烈士，所以从小就受到家庭很好的教育。17 岁的刘英俊在父母的支持下，拿着申请书去武装部，报名参军。由于当时应征入伍的人太多，再加上刘英俊又是家里的独生子，按规定独生子是不能参军的，几次报名都被部队领导婉言拒绝了。回到家里，他不唱不笑，耷拉个脑袋，母亲问怎么回事，他说："人家不批。"母亲听得没头没脑的，问："什么不批呀？"他说："入伍参军呗！"母亲说："他不批，妈妈批。"母亲写了个申请书，带他到武装部。人家说他不够年龄。刘英俊说："我年龄不够，个头够，决心够！"母亲也帮他说话。最后武装部同意他入伍了。过了几天，接兵的火车到了，有通知，说当兵不够年龄的，留下。他和另一个小伙子被留下了。他还以为是留下开座谈会呢，就出了队列，进了屋，一想不对，八成是去不成了！他怕赶不上火车，便说要出去一会儿，马上就回来。人家以为他去解手，就答应了。他出去后，见一辆小轿车，是他同学的爸爸开的，他叫住了，上了车，说有紧要的事到电车站。坐电车到火车站后，他偷偷跑进车站，躲到车底下，趁人不备的时候，他就躲到了车厢里头，当时谁也不知道。新兵们刚上火车，带兵的江副营长在刚一开车的时候就清点人数，一清点人数都对，怎么那个角里出来一个穿着运动服的孩子。江副营长一看刘英俊参军的决心这样大，和当年自己入伍时一个样，就把他的名字从勾去的名单里又填上了。就这样，他被拉到了牡丹江一面坡的军营。

到部队之后，团首长讲话的时候特别提到了刘英俊，一个独生子，才 17 岁，不让他来当兵，但他立志要来当兵报效祖国，这是好样的! 当时蒋介石叫嚣“反攻大陆”，刚刚 17 岁的刘英俊决心要参军保卫祖国，他在申请书中写道：“为了祖国，为了人民，为了真理，哪怕牺牲自己的生命，我也感到骄傲和自豪，也是光荣的，也是幸福的。”他的执着感动了接兵的领导，终于在 1962 年 6 月 24 日走进了人民解放军这所大学校，成为陆军第二十三军六十七师二○○团重炮连的一名战士。

先锋战士

军营磨炼

☆☆☆☆☆

1962年刘英俊当兵离开家，母亲是既放心又担心，放心的是把儿子交给了自己的队伍，准没错儿；担心的是，虽说他已经长大了，可终归还是个孩子，干事总是毛手毛脚的。所以在刘英俊走后两个多月，母亲便到部队去看他。一见面，见他身着一套军装，十分合身，显得特别精神。他欢欢喜喜地跟母亲说："部队太好了，老同志、班长、排长对我的照顾无微不至，就连我晚上蹬了被子都会给盖好。"之后他又拿出一本毛主席的书给母亲看了看说："我们入伍时上的第一课就是学习毛主席写的《为人民服务》。"母亲见他一提到部队和毛主席时那兴奋的样子，提着的心总算放下了，在部队只住了三天便回长春了。

1964年“五一”，母亲第二次来到部队看刘英俊。当时，他正在地里劳动，连里得知刘英俊母亲来看他的消息后，专门派人把他叫了回来。他推门进来时，母亲简直不敢认了。个子长高了，体格也变结实了，比在家时胖多了，脸上黑里透红。母亲把他拉到跟前看了又看，乐得合不拢嘴。晚上10点多了，大家都睡下了，娘俩儿躺在床上拉家常。忽然，他起身出去，像是有什么急事要去办。原来，他想起第二天还缺牲口套，而且生产用的种子也不够了。刘英俊怕误了第二天的生产，便连夜跑去和指导员说明了情况，直到把第二天生产用的东西都准备好，才回来继续和母亲聊。这天晚上，他特别跟母亲谈了学习毛主席著作的收获。谈的时候刘英俊特别兴奋，有几次甚至还坐了起来。他说，学了毛主席著作以后，心里亮堂极了，懂得了一个人应该怎样做，做些什么，才算活得有意义。他还给母亲讲张思德怎样一心一意为人民服务，毛主席说他的死比泰山还重；白求恩是外国人，五十多岁了，原本有着安稳的生活和体面的工作，但他却漂洋过海来到中国，帮助咱们革命，他是那么的无私奉献。他说张思德和白求恩就是他以后生活和工作中学习的榜样，要向他们那样把自己的一切交给人民。临别时，母亲跟他说：“孩子，你可一定要听毛主席的话走大道啊！”他坚定地回答道：“妈，你放心好了，我一定努力学习，不让你失望！”

1966年春节，刘英俊探家，随身带着《毛泽东选集》。他一到家，连口水都没顾上喝，就急忙到武装部联系，主动要求给他找些活干。短短的几天探家时间，他甚至没顾得上和母亲拉拉家常，说说自己的心里话，有空便去做群众工作，或是看望战友的家庭，或是给思想不积极的同学做工作，到处做好事，一刻也闲不下来，每天都是很晚才回家。可是不论多晚，他都照例学一阵子毛主席著作，写一段心得，一天也没耽误过。他说："我一定要向雷锋、王杰同志学习，做毛主席的好战士。"一次，几个亲友来看他，问刘英俊何时复员，他说："美帝国主义还在越南杀人放火，蒋介石还在台湾肆意妄为，世界上还有千千万万的人民身处水深火热之中，我不能复员，也不能有这样的想法，只要革命还需要我，我就会一直干下去。因为在全世界实现共产主义，才是我们奋斗的最终目标。"他还说："我是属于人民的，人民的需要就是我的志愿。"刘英俊是真正地把毛主席的话记到了心里，他的思想成熟多了，父母都为他的进步感到无比高兴。

无限热爱毛主席

☆☆☆☆☆

刘英俊出生在一个贫农家庭里，从小父母亲就常向他讲旧社会的苦，讲新社会的甜，教导他不要忘记过去的苦难。刘英俊听了以后，非常激动。他打心眼儿里痛恨旧社会，热爱新社会，更加热爱伟大领袖毛主席了。

1962 年 6 月，蒋介石匪帮在美帝国主义的支持下，妄想窜犯大陆，刘英俊十分气愤，但由于年龄太小，经过三番五次的申请才成功加入中国人民解放军。这时，他刚满 17 岁。部队是毛泽东思想的大学校，在这里刘英俊刻苦学习毛主席著作，并且深刻感受到毛主席的英明和伟大。他说:“我很小就会唱‘天上有个北斗星，地上有个毛泽东’这个歌。不过直到这几年，才真正懂得其中的含意。”他指着天上的北斗星大声地歌颂：“毛主席是中国人民的‘北斗星’，也是世界人民的‘北斗星’。”他把宿舍的四面墙壁都挂上了毛主席像，每天，都要深情仰望。就连外出执勤，他都会把毛主席像小心翼翼地带在身边。到达新的驻地时，第一件事就是把墙上的灰尘打扫净，把毛主席像端端正正地挂起来。连请假探家时，他都不忘嘱咐班长说：“班长啊！如果我不在的这段时间里，咱们班要是挪动地方，一定要有专人负责保管毛主席像啊。到了新的驻地，先把毛主席像挂起来，好让同志们天天看到毛主席。”班长问他还有其他事情没有，他说：“没有了，我就这一件心事！”从这里，我们不难看到，刘英俊对我们敬爱的领袖毛主席怀有的深厚的无产阶级感情是无人能够比拟的。

刘英俊对毛主席著作怀有深厚的阶级感情，他说：“忘掉了毛主席的话，就等于忘掉了过去的苦处和你该担负的责任。”平日里他学习毛主席著作最刻苦、最勤奋，从不浪费一分一秒时间，就连半夜站岗回来，也照例读一段毛主席著作，写一段心得笔记。

刘英俊决心走英雄成长的道路。从他的日记中看到，几乎所有用毛泽东思想武装起来的英雄，他都作为自己学习的榜样，无论是董存瑞、黄继光、刘胡兰，还是雷锋、王杰、焦裕禄。当毛主席发出“向雷锋同志学习”的伟大号召时，他便把这句话记在本子上，刻在锄柄上，写在墙壁上，记在心头上，落在行动上。他表示，一定要“接过雷锋和王杰的日记，把他们没有写完的续写下去；接过他们手中的枪，把革命进行到底，为共产主义事业奋斗终生”。

刘英俊时刻牢记毛主席的号召。1964 年 6 月的一天，刘英俊所在班帮助公社锄草。大家和社员在一起干活，你追我赶，热火朝天。刘英俊干得十分卖力，一袋烟的工夫，就铲到了地头，虽然累得满头大汗，但转身就又去帮助别人了。社员们满口称赞地说：“这小伙子干活真虎势！”“看样子也是庄稼人出身啊！”正在大家议论的时候，记工员小张发现刘英俊的锄杠上刻着“向雷锋同志学习”七个字。这个发现，很快就在人群中传开了。休息时，大伙儿都围上来看锄头上刻的字。社员朱凤山恍然大悟地说：“怪不得这小伙子干得这么欢呢！原来这锄杠上刻着毛主席的题词。”朱凤山说对了，刘英俊在刻这几个字的时候，就对战友李全胜说过：“想起毛主席的号召，干活时浑身都是劲！”

刘英俊善于从毛泽东著作中汲取力量。刘英俊所在连队的同志，都爱管刘英俊叫“火车头”。1964 年 10 月，刘英俊在听了部队要到农场抢收黄豆的动员报告之后，立即动手修理扁担、夹子。他早已做好苦干的准备，为让自己的扁担经得住压，他还特地在上面绑了一根板条。抢收时，他把筐子装得满满的，但跑起来却比谁都快。不知是哪个同志说了一句:“刘英俊真像个火车头！”从此，“火车头”的名字就被叫开了。一天,吃过午饭，同志们都在地头休息，刘英俊掏出随身携带的《毛泽东著作选读》，聚精会神地读了起来。班长张忠祥说：“你休息一下，回去再读吧，看你累得浑身是汗！”他说:“正因为累，才更应该从毛主席著作中汲取力量呢! 因为毛主席的话就是咱们力量的源头啊！”张忠祥听了他的话, 心里很受感动。

自觉改造世界观

刘英俊入伍不久，毛主席发出了“向雷锋同志学习”的伟大号召。这使刘英俊更加坚信一点：只有像雷锋那样，把毛泽东思想真正学到手，才能进步，才能更好地为人民服务。他学习毛主席著作勤奋、刻苦、如饥似渴。即使是深夜站岗回来，也要抓紧时间学习一两段毛主席语录。通过对毛主席著作的学习，他真正体会到了“毛泽东思想给我指明了前进的道路”这句话的深刻含意。他热情地写诗歌颂：

毛主席著作像太阳，
字字句句闪金光；
照得战士心里亮，
工作学习有方向。

刘英俊学习毛主席著作，有几个明显的特点。一是他特别重视树立明确的阶级观点。二是他从革命事业的需要出发，在学习中狠抓世界观的改造，很抓自我批评，不断地进行自己思想上的斗争。三是他对自己要求十分严格，对私心斗得特别狠，只要有了缺点，一经发现，就坦率承认，主动检查，坚决纠正。

刘英俊始终没有忘记自己是贫农的儿子。入伍后，他经过阶级教育，树立了正确的阶级观念，明确了工作方法。他在学习心得中写道：“今天国内外的斗争形势是极为尖锐复杂的，帝国主义、修正主义和一切反动派都在争夺青年一代，企图把反革命复辟的希望寄托在年轻一代的变质上，费尽心机向他们灌输形形色色的资产阶级思想。”在实际行动中，无论是在看待事物，还是在处理问题上，他都努力依照马克思主义阶级分析的方法。

刘英俊学习毛主席著作，在改造世界观方面，真正做到了狠下功夫。他能自觉地运用自我批评的武器，与个人主义思想和其他非无产阶级意识做坚决斗争，具有彻底的自我革命精神。他经常进行自我检查，发现缺点，就坦率承认，并坚决改正。即便是做了好事之后，仍能高标准，严要求。他的日记充满了自我批评，是一部思想斗争的战斗记录。连队同志都记得这样一件事：1963 年冬天的一个寒夜，刘英俊下哨回来，主动用一块木板把马房的一个破窗洞钉好了；接着，他又学习《纪念白求恩》。深夜 1 点多钟，卫生员熊志毅带哨回来，见到三班的灯还亮着。心想，刘英俊是 12 点下的哨，可能是他还没睡吧？就轻轻地推开门走了进去。只见刘英俊伏在桌子上正在学习《纪念白求恩》。熊志毅问："一个小时都过去了，你怎么还不睡呀？"刘英俊笑容满面地说："不行呀！不学习毛主席著作就会迷失方向，不知道为谁当兵，当个什么样的兵，为谁工作，怎样做好工作。这个破窗洞早就发现了，为什么过去没有想到去堵，直到这次下哨时看见风雪直往里灌，才找块板子给钉上。我要找找原因。"熊志毅说："钉上了不就很好吗？"刘英俊却说："不能这样说，毛主席说过，'白求恩同志毫不利己专门利人的精神，表现在他对工作的极端的负责任。'而我呢？现在才想起堵这个洞，这不正是缺乏这种极端负责任的精神吗！""还缺乏像白求恩同志那样对革命工作极端负责的精神"，这便是他找出的原因。

刘英俊在革命实践中，踏踏实实、一点一滴地改造自己，不断提高阶级觉悟。他经常利用节假日，热情地为人民群众做好事，挑水、扫地、推车、背粮、垫路、修井，只要是对群众有益，他都尽力去做。在连队里，他也是个“闲不住”，修座椅、做信箱、整工具，只要是对连队有益，他都不遗余力地做，没有一点私心。战友们说：“我们无法用数字来计算刘英俊做的好事。”他做这么多好事，但却丝毫没有显示自己的意思，他从来不留名，不汇报，也不记在日记里，真正做到自觉地做革命的实践。他在日记中写道：“一个真正的人，是能够为革命奉献自己一切的人。通过对毛主席著作的学习,我深深体会到，‘实践是检验真理的试金石’，我能否成为这样的人，还有待于实践的检验。”

刘英俊就是这样，不断学习，刻苦锻炼，逐步树立无产阶级世界观。他说：“为人民利益而死的人，比那泰山还重，为人民利益而活着的人,也同样重如泰山。”“革命就是要去斗争，害怕斗争，就搞不好革命。对于我们共产主义的革命事业来说，最大的幸福莫过于能够参加革命斗争。”他心系中国革命和世界革命，每当毛主席发表关于支持各国人民反帝革命斗争的声明时，他都热烈响应，支援世界革命的决心可见一斑。一次，他上街买东西，无意中看到报纸上发表的毛主席支持刚果（利）人民反对美国侵略的声明，他马上买了一份报纸，匆匆赶回连队，组织全班同志一同学习。当晚，他便以《毛主席生命照全球》为题，写下一首长诗，表示他早已做好和刚果（利）兄弟一起消灭侵略者的准备，只等祖国一声令下，就立即出征。当美帝国主义扩大侵略越南的战势时，他立即写了申请书，主动要求参加援越抗美斗争。

刘英俊对自己世界观的改造，已经达到了很高的境界，这一点从他日记的许多话中都可看出。“鱼靠水，瓜靠秧，革命战士的成长，全靠伟大的毛泽东思想。”正是因为用毛泽东思想武装自己的头脑，牺牲时年仅 21 岁的刘英俊，已经成为毛主席所说的“一个高尚的人，一个纯粹的人，一个有道德的人，一个脱离了低级趣味的人，一个有益于人民的人”。他说：“真正的共产主义者心目中只有革命的利益，集体的利益。他们摆脱了小‘我’的束缚，只要是对革命对集体有利的事，他们就积极地干，从不计较名誉和得失，也丝毫不去理会别人怎样议论自己。”用两句话来评价刘英俊的一生再合适不过了：“生为革命生，死为革命死，一切为了革命，革命高于一切。”“为人民利益而死，比那泰山还重，为人民利益而活着，也同样重如泰山。”

真心实意为人民

☆☆☆☆☆

毛主席讲过:"一个人做点好事并不难,难的是一辈子做好事,不做坏事,一贯的有益于广大群众,一贯有益于青年,一贯有益于革命,艰苦奋斗几十年如一日,这才是最难最难的啊!"刘英俊在为人民服务的具体实践中,真正做到了把为人民服务的宏大志愿与踏踏实实地做有益于集体、有利于人民的事情相结合,不断提高自己的阶级觉悟。刘英俊做好事,有两个鲜明的特点:一是具有明确的阶级观点。每次外出野营,他都要先做社会调查,把新驻地周围谁家是贫下中农,谁家是烈属、军属都了解得清楚后,才去帮他们干活。他在营区附近群众当中做好事也是如此。一次,连队外出生产,他看到一个老贫农家里,

△ 光荣之家的门牌

只有两位六十多岁的老人，生活上有很多困难。在那之后，他几乎每天都去帮助挑水、扫院子，从不嫌脏，也不喊累。他说："咱们是贫农的儿子，贫农有困难，咱们就应该关心。他家里是脏一些，但他的心最干净。"冬天快到时，他为了能让老两口吃菜方便，还特地起早贪黑挖了个菜窖给他们存菜。连队离开时，老大娘含泪对连长说："这孩子真是把咱贫下中农当亲人了啊！"二是真心实意，勤勤恳恳，没有半点显示自己的意思。他经常在佳木斯市西区三十七委一带为群众做好事，帮这家挑水，帮那家买粮。时间久了，做的好事也多了，群众都很喜欢他。可是"刘英俊"这个名字，直到他牺牲大家才知道。军属刘大爷颤抖的双手捧着刘英俊的遗像，哭着说："孩子！你的真名瞒了大爷一辈子啊！"还有一位老大娘说："他真是铁了心为人民服务啊！他把毛主席的话全都记到心尖上了啊！"1965年春节的前几天，佳木斯市佳西商店非常繁忙。刘英俊和其他十几个战友一同来到店里帮忙。刘英俊被分配到露天摊床上卖家具。天很冷，呼啸的北风还夹杂着雪花，但刘英俊仍是热心地为顾客服务着，一站就是一整天。有一位农民来买炕席，刘英俊在帮他挑了一个称心的之后，还热心地给他捆了起来。忽然刘英俊看到了他早已冻得发红的双手，又连忙给他拴了一条绳子，说："这样，你可以背着走，就不冻手了。"农民感激地说："谢谢你小伙子，你真是太细心了！"

连队宿舍的走廊里过去没有信箱，同志们写了信后没有统一的地方放。刘英俊看在眼里，记在心上。他利用休息时间，用几块木板做了一个小信箱，还在上面涂上了绿颜色，写了红红的两个大字："信箱"。从此，战友们写了信，往里一投，到时由通信员一起送往邮局，很是方便。1965年秋天，二班单独在外执勤。天气渐渐冷了，战士们急需一个取暖的火炉。可是，地方太小，砌不开；修火墙，材料还不够。这件事让刘英俊很是头疼。他天天在驻地周围到处转，终于找到一个破铅桶。他和同班的苏旭东同志一起，敲敲打打，忙了整整一天，终于做成了一个小小的火炉，经过试烧，很管用。就这样连队没花一分钱就解决了取暖的大难题。次年2月，刘英俊调到三班。三班刚补充了一匹马，马嚼子不够用了。遵照毛主席勤俭节约的教导，刘英俊用几副已经报废的马嚼子，拼拼凑凑，拆拆卸卸，做成了一副马嚼子。

一个大风雪的日子，王文琴从居委会开会回来。一进屋，就发现两个孩子不见了，王文琴急得在屋里团团转。因为儿子启敏还不满 4 岁，女儿艳军也才 9 岁，而且还得过小儿麻痹症，走路不方便，万一迷了路，陷到雪里可怎么办啊！正想着，突然“吱”的一声，门开了，刘英俊一手抱着启敏，一手拉着艳军，满身都是雪。他放下启敏，对王文琴说：“大婶，我在马路上看见这两个孩子冻得走路都费劲了，路上车还多，我怕出事，就给他们送回来了。”王文琴听了，心里感动得不得了，连忙叫他到炕上暖和暖和。可是，他说了声“我还要参加学习呢”，就一溜烟似的跑掉了，怎么叫都不回头。

朝鲜族妇女李桂英所在居委会的水井边冻出了一个小“冰山”，大家打水很不方便。一个星期天的早晨，李桂英在屋里坐着，看见一个战士站在门外。李桂英走出去问：“小同志，有事吗？”那个战士说：“大娘，能把锹和镐借我用一用吗？我想把那个井沿刨一刨！”李桂英把镐、锹递给他，他迅速脱下棉衣干了起来。过了一会儿，李桂英出去一看，他那小白布衫已经被汗水浸得湿透了。李桂英说：“孩子啊，慢点干，可别感冒了呀！”李桂英把棉衣给他披上，接着说：“差不多了，你快回去休息吧！”可他并没有停下，又跟李桂英借了土筐，直到把所有刨下来的冰都清理干净才回去，此时已经 11 点多了。他一连利用好几次休息时间，才搬倒那座“冰山”。他把水井旁修得平平整整的，还细心地垫上了沙子。李桂英问他姓啥，他笑呵呵地说：“大娘，我姓王。”转身就走了。有一天，正赶上李桂英的孩子在家，那个“姓王的战士”又来了。李桂英说：“福子，你出去看看王同志是不是有什么事？”福子一瞅，转过头对母亲说：“那不是刘英俊，刘哥哥吗！怎么会姓王呢？”

李桂英问：“你怎么知道？”福子说：“我们一起打过球！”李桂英说：“那你赶快把你刘哥哥叫进来！”他一进屋，李桂英就说：“你怎么诓大娘呢？要不是你小弟弟在家，我还以为你真姓王呢！你这是跟雷锋学，跟王杰学，甘当无名的英雄啊！”在李桂英的心目中，刘英俊做的好事实在太多了！1965年寒冬腊月，李桂英去粮店买粮，走出店门刚把粮食顶在脑袋上，就有人从后面把粮食夺过去了。李桂英回头一看，是刘英俊，便对他说：“孩子，你从哪儿来？”他说：“我也是买东西来了，我把粮给你老人家送回去吧！”李桂英说：“这粮挺沉的，快给我吧！”他说：“你拿着不是也沉吗？”硬是帮助李桂英把粮食送到了家。

刘英俊两只手从来不闲着。宿舍里，有他

做的毛主席语录板、书架，修理的门窗和桌椅；操场上，有他挖的排水沟，编织的篮球网，修理的篮球架；炊事房里，有他修理的锅灶和其他炊事用具；俱乐部里，有他修的黑板，写的标语，布置的学习园地……他做的好事是无法用数字来形容的。旅途中，他扶老携幼，忙这忙那，从不休息，是“义务列车员”。就连在医院休养时，他也不忘帮助重病号打水、端饭，协助医院工作人员扫地、刷厕所，“劳动休养员”这个称号给他再合适不过了。他做了这么多好事，大都是在业余时间。他从不留名，不向领导汇报，不跟同志说起，也不在日记里记载。他无时不是为革命，无时不是为人民的所作所为，充分表现了一个无产阶级革命战士不为名利、真心实意为人民的崇高品质。

充当文艺轻骑

☆☆☆☆☆

刘英俊是连队文艺战线上的尖兵。他多次组织文娱骨干学习毛主席的《在延安文艺座谈会上的讲话》。他说，节目虽小，但也要坚持文艺为无产阶级政治服务这个大方向。1965年以来的一年间，他编写和改编了十多个文娱节目，画了二十三部幻灯片，出了六十多期黑板报，热情地歌颂先进模范人物。这些活动，有力地配合了连队的形势教育，巩固和提高了部队的战斗力。

在意识形态领域的斗争中，刘英俊拥有坚定的立场和敏感的嗅觉。1964年，他还特别写了一篇文章《英雄献身不是一时冲动》来驳斥冯定的所谓“正义冲动论”，态度十分坚决。“‘董存瑞和黄继光，在一瞬间是可能将一己的利益和大众的利益进行详细地比较、考虑和选择的，而可能只是一种正义的冲动。’我认为不妥，有些歪曲和抹煞我们伟大革命烈士的高尚品质和英雄形象。从我自己来谈吧：我从小就有一个愿望，长大参军，保卫祖国。每一个无产阶级的少年与青年都有一个崇高的目标，那就是把自己的青春和生命献给人类最壮丽的事业——为人类的解放而斗争！1962 年我刚 17 岁，正值蒋介石叫嚣反攻大陆十分猖狂，激起我心里愤怒火焰，坚决地走上了保卫祖国的最前哨。这是我一时正义的冲动吗？不，因为我是贫农家庭出身的儿子，有着一颗红色的心。我虽然是一个独生儿子，没有兄弟姐妹，可是我的爸爸妈妈记住了阶级苦，都非常同意我参军，保卫祖国和人民的江山，保卫五星红旗永远在我们祖国的心脏——北京城上飘扬。我这绝不是什么感情冲动，而是为了保卫前辈们流血牺牲换取来的美满生活。毛主席说过：‘……为保卫祖国流尽最后一滴血。这些爱国主义的行动，都是正当的，都是国际主义在中国的实现。’毛主席这句话不是说得很对吗？说董存瑞和黄继光为保卫祖国流尽最后一滴血是一时正义的冲动，这是对我们先烈的扭曲！这是不能容许的。在轰轰烈烈的社会主义时代里，不是出现了徐学惠、向秀丽、杜凤瑞、欧阳海、雷锋……好多英雄吗！如果你不知道的话，那么，请再听一听我们伟大的革命战士雷锋的一段话吧：我要永远听党的话，在您的教导下尽忠效力……为了党的事业，为了全人类的自由、解放、幸福，就是入火海上刀山，我也心甘情愿！就是粉身碎骨，也是赤胆红心永远不变！难道冯定是由于一时冲动写的《共产主义人生观》吗？不！人的一切都是由思想支配的，什么样的思想，出什么样的货色。我要永远听党和毛主席的话，做个好战士。我们革命青年人要永远和资产阶级个人主义划清界限，站稳无产阶级的立场，高举毛泽东思想的伟大红旗。”

他积极地宣传毛泽东思想，不仅在连队和群众中宣传，还向亲友、学校的老师和孩子们宣传。他做校外辅导员时，第一次给小朋友讲话，就教导他们要读毛主席的书，听毛主席的话，做毛主席的好孩子。他在给同学、老师、亲友的信中，每次都与他们共同分享自己学习毛主席著作、进行思想改造的心得，希望他们很好地学习毛主席著作。每当对方思想上遇到问题时，他都会用毛主席的话来帮助解决。为了让对方第一眼就能看到毛主席的话，他还常常在信封上写一条毛主席语录。很多信，都是他在半夜里利用上岗前或下哨后的时间写的。还有两封信是 1966 年 3 月 12 日，也就是他光荣牺牲的前三天写的。一封是他第四次劝一位同学下农村，信中引用了毛主席的三段话，其中一段是毛主席在《青年运动的方向》中所讲的：

“看一个青年是不是革命的，拿什么做标准呢？拿什么去辨别他呢？只有一个标准，这就是看他愿意不愿意、并且实行不实行和广大的工农群众结合在一块。”另一封是写给一位参加农村社会主义教育运动的同志的，信上说：“……望你能多学习毛主席著作，用毛泽东思想武装自己的头脑，指导自己的思想与行动，一切以党的利益，以人民的利益为重，经得起党和人民对你的考验。”

刘英俊十分关心连队的政治思想建设，主动做了许多政治思想工作，还经常向领导提出建议。1963 年冬天，那时刘英俊已被调到三班，他经常向班长金万民提建议：“我看咱班的同志们在学习毛主席著作时方法上存在问题啊！你得多注意他们的思想状况了，我们应该针对班里的活思想组织学习。首先读文章，然后联系个人的思想实际讨论提高，最后在实践中检查学习效果。班里要树榜样，这样大家才能有方向。”1965 年，刘英俊到卫生队休养，但他仍记挂着战友们对毛主席著作学习情况。由于班长忙于训练，没时间去探视他，打电话向他询问病情，而他关心的却是同志们最近学习毛主席著作的情况。他向班长说：“我会努力学习毛主席著作，保证不掉队！”

刘英俊是连里的革命军人委员会委员。在开展连队文化娱乐活动中，他是个积极分子，非常自觉地坚持政治方向。1965 年 12 月的一天，连长张步远正在连部备课，刘英俊进来说：“连长，我想提一个建议。咱们连现在已经由分散执行任务变成集中学习了，我们应该把文化娱乐活动更好地开展起来。”张步远觉得这个建议很好，就说：“那你多给出点主意吧！指导员他们都不在家，这方面我也不懂。”刘英俊说：“最好重新组织演唱组，然后你再给讲讲话。”张步远说：“我既不会演也不会唱，你看我能说些讲些什么呀？”刘英俊说：“我看毛主席《在延安文艺座谈会上的讲话》的内容就是一个很好的选择，讲完了，我们再专门讨论学习一下，以明确方向。”一提到毛主席的《在延安文艺座谈会上的讲话》，刘英俊的话就多了起来。他滔滔不绝地对连长说：“虽然咱们连编排和表演的净是些小节目，可小节目也要有大方向啊！我们要坚持让文艺为无产阶级政治服务，就像毛主席《讲话》里要求的那样。今年，咱们连在学毛著方面的好人好事特别多，演唱组当前的任务，就是要歌颂这样的好人好事。”

他想到的问题，提出的建议，深深地启发了连长，连长觉得他的政治方向是坚定的、正确的，便提出让他当演唱组组长，他却谦虚地说：“组长让别人当吧，到时候我出出主意就行了。”演唱组组织起来以后，连长根据刘英俊的建议，给大家讲了《在延安文艺座谈会上的讲话》的精神。因为方向对，情绪高，很快他们就排出了一套思想进步、内容丰富的晚会节目。在三个多月的时间里，演唱组紧密配合形势教育、阶级教育，并与宣扬好人好事相结合，画了《毛主席的好战士——雷锋》、《苦难的家史》、《南方来信》、《阮文追》、《美帝罪行录》等二十三部幻灯片，编写排演了《越南英雄打得好》、《学习的好模范》等十多个节目，每次演出都受到连队干部战士的热烈欢迎。这些节目当中，大部分都是刘英俊亲自创作、改编或帮助修改的。他的建议拓宽了连长的工作思路，使连队的文娱活动发挥了巨大的战斗作用，巩固和扩大了无产阶级思想阵地。

积极传播毛泽东思想

☆☆☆☆☆

刘英俊通过编节目、写标语、创作诗歌、出黑板报、演唱革命歌、朗读革命书等多种机会和渠道，积极热情地宣传毛泽东思想。他启发鼓励连队的同志、家乡的亲友、学校的教师和学生，读毛主席的书，听毛主席的话，做毛主席的好战士。

刘英俊在宣传毛泽东思想时有一个特点。他绘制每一部幻灯片之前，都要认真地学习毛主席的有关著作。他说："教育者要先受教育，宣传员要先受宣传。我们要想宣传好毛泽东思想，就必须先领会好毛泽东思想。"为了能让同志们"随时随地听到毛主席的话"，他画幻灯片时，在开头和结尾的地方，都引上毛主席的话。有的时候，战友们选用现成的幻灯材料，他也要精选几条毛主席语录，编在解说词里。总之，宣传毛泽东思想，就是刘英俊始终贯穿在幻灯工作中的一条红线。他绘制的幻灯片《雷锋》，也突出地宣传雷锋刻苦学习毛主席著作的事迹。许多同志都说：我们通过看幻灯，受到了毛泽东思想的教育。刘英俊搞幻灯目的十分明确。他经常说："咱们一定要跟着形势走，否则幻灯就失去战斗作用了。"他时刻想着"形势"，对可以绘制幻灯片的素材特别敏感。每天他都是第一个到连队取来当天的报纸阅读，一发现合适的题材，无论是报纸上刊登的毛主席支持世界各国人民革命斗争的声明、国际上反帝反修斗争的新发展，还是越南人民反美斗争的新胜利、全国全军出现的新典型，只要是跟得上形势的，就立刻抄下来，然后抓紧一切空隙赶制幻灯片。有时指导员向他布置编画幻灯片任务时，他早已完成，马上拿出来请连首长审查。连队放映的王杰、麦贤得、焦裕禄等同志事迹的幻灯片，几乎都是刘英俊在接到编画任务之前就画好的。刘英俊搞幻灯，表现了高度的政治责任心，克服了一个又一个困难。开始，连队没有幻灯设备，是他和几个文娱骨干一起花了几个月的业余时间，用一些废旧器材，拼拼凑凑，敲敲砸砸，才制成了一架幻灯机。驻地买不到聚光镜，他四处写信，请亲友帮忙购买。做幻灯片需要硬纸框，他和骨干们就到处收集硬纸并把它们剪贴起来。为了画好幻灯片，他还多次虚心向团里放映员学习。为了让大家及时受到教育，他经常废寝忘食地赶画。有一次，他拿着刊登王杰事迹的报纸对魏吉华说：

"王杰同志是我们时代的又一个雷锋，是毛主席的好战士，咱们要向他学习。"当时已经是深夜12点了，带哨的二班副班长王春明看到刘英俊还趴在小桌上画宣传王杰的幻灯片，便关心地对他说："早点睡吧，天亮还有你一班岗呢！"刘英俊却说："明天晚上就要放这部幻灯片,我怕赶不出来会耽误同志们学习。"1965年，刘英俊所在连分散在六七处执行勤务，他为了让连队每个同志看到幻灯，受到教育，经常不辞劳苦地背着幻灯机，一个点一个点地巡回放映。就连远离连队二十多里，只有三个人的生

△ 刘英俊和战友们利用废旧器材制成的幻灯机

产组，他也专门前去放映。他说:“我们是宣传毛泽东思想的，多一个人看，就多一个人受毛泽东思想的教育。”

刘英俊以最大的革命热情，组织和帮助连队同志学习毛主席著作。他常说:“革命是大家的事，你我都有份儿。少一个人学习毛主席著作，就少一份革命的力量，这就不是一个人的事了!”1965年3月4日，韩少英从新兵连分配到炮连三班当战士。当天晚上刘英俊便和韩少英结成了“一帮一，一对红”的对子。“当好革命战士,最重要的是要读毛主席的书，听毛主席的话。”刘英俊说完，就和韩少英一起开始学习《为人民服务》。他边读边讲解，当读到“我们都是来自五湖四海，为了一个共同的革命目标，走到一起来了”的时候，他说:“我是从吉林来的，你是从辽宁来的，咱班长是从四川来的……是革命让我们走到一起，所以，我们要互相关心，互相爱护，就像毛主席教导我们的那样。”听了他的解释，再想想毛主席的教导，这让刚被分配到三班的韩少英心里很是热乎。第二天晚饭后，刘英俊又和韩少英谈起了为人民服务的问题。他说:“小韩，你说说，咱们到部队来目的是啥?”韩少英说:“为人民服务呀!”刘英俊说:“对!既然是为人民服务，我们就不能计较个人名誉地位呀!就像《为人民服务》里讲的张思德同志一样，他参军十多年，经过长征，负过伤，当战士时，他踏实肯干。领导叫他烧炭时，他也毫无怨言。是党的话他就听，是党的指示他就执行!张思德同志的牺牲是为了人民，我们应永远向他学习!”刘英俊的话说得好，这番话深刻教育了当时还存在不想当炮兵思想的韩少英。第三天，连队外出野营。行军过程中，不管多累，只要一有机会，刘英俊就会找韩少英一起学习毛主席著作。一天晚上，他笑着问韩少英："小韩，咱今晚学点啥好呢？""咱就学毛主席的语录吧！"韩少英回答道。刘英俊立刻打开语录本读了起来："我们的同志不论到什么地方，都要和群众的关系搞好，要关心群众，帮助他们解决困难。团结广大人民，团结越多越好。"读完，他就对照毛主席的话自我批评起来："这几天，我对老乡关心不够……"他这样一说，令韩少英感到十分惭愧。因为几天来刘英俊每走一村，背包一放，不是去帮老乡抱柴，就是帮忙挑水扫院子，再就是向群众宣传党的政策、传播毛泽东思想，这些韩少英都看在眼里。他做得已经够好了，还这样高标准地要求自己，实在太难得了。第八天，上级决定要调韩少英到后勤机关做卫生员。刘英俊知道后，当晚再一次与韩少英一同学习了《为人民服务》，勉励他"要争做张思德同志那样满腔热忱为人民服务的好同志"。他的话，韩少英牢记在心。第九天的早上，刘英俊给韩少英送行，他背着韩少英的背包，一直把他送到团部。一路上，他

还不断地鼓励韩少英："无论走到哪儿，都要好好学习毛主席著作，踏踏实实地为人民服务，决不能辜负党的培养。"韩少英在连队九天，他耐心地帮助了九天。

还有个战士叫段天安，他刚到部队第二天，刘英俊就主动找他谈心，并且拿出一本《毛泽东著作选读》，热情地说："咱俩一起学习吧！"段天安说："我不识字呀。"他说："没关系，我念你听，以后我再慢慢教你。"说着，就拉着段天安并肩坐下，念了一篇《愚公移山》。他说："不识字不算什么，只要咱们按毛主席的教导办事，有愚公移山的精神，没有困难是不能战胜的。"为了鼓励段天安好好学习，刘英俊还特意将自己那两个上面标有"为人民服务""将革命进行到底"十二个大字的笔记本送给了他。可是，段天安的手使惯了锄头，拿起笔来似有千斤重，费了半天的劲也写不出一个字。刘英俊见状，便手把手、一笔一画地教给他。有一天，段天安看人家写学习毛主席著作的心得，急得不得了，自己也想写，可就是写不出来。刘英俊看到这种情况后，又找段天安一起学习了一遍《愚公移山》。他严肃地对他说："你的想法不对呀！不学习毛主席著作就要走下坡路，就

要迷失方向！”他的话使段天安深受教育和感动。此后，段天安在学习毛主席著作方面更加刻苦勤奋了。

书信往来也是刘英俊宣传毛泽东思想的重要渠道之一。为了让收信人第一眼就看到毛主席的教导，他还常常在信封上写一条毛主席语录。他还多次把自己学习毛主席著作的体会写信介绍给同志、朋友和同学。他得知表妹要到农村参加社会主义教育运动，就立即给她邮寄了一本《毛主席语录》，还特地将“眼观金书跟党走”几个字写在了语录本上，希望她能“多学毛主席著作，用毛泽东思想武装头脑，指导自己的思想和行动”。

田瑞莲是刘英俊的小学同学，因病休学在家。1966年春节，刘英俊回长春探家时探望了她。田瑞莲告诉他说：“组织上号召我们到农村去参加农业生产劳动，可是我想到工业战线上去。”刘英俊听了以后说：“党号召我们下乡参加农业生产劳动，咱们就该积极响应啊！为人民服务怎能讲条件呢！作为一个青年，咱就应该挑重担子嘛！”听了他的话，田瑞莲觉得很在理，经过一番激烈的思想斗争之后，她说：“你放心，只要祖国需要，我就参加农业生产！”听她这么一说，刘英俊脸上终于露出了笑容。回到部队后，他仍惦念着田瑞莲的思想情况，接连两次写信鼓励她：“把一颗红心交给党，党叫干啥就干啥！”直到他牺牲的前三天，还给她写了一封信，在信皮上还特地写了一条毛主席语录：“社会主义制度的建立给我们开辟了一条到达理想境界的道路，而理想境界的实现还要靠我们的辛勤劳动。有些青年人以为到了社会主义社会就应该什么都好了，就可以不费气力享受现成的幸福生活了，这是一种不实际的想法。”田瑞莲打开信一看，里面还写道：“毛主席在《青年运动的方向》一文中指出：‘看一个青年是不是革命的，拿什么做标准呢？拿什么去辨别他呢？只有一个标准，这就是看他愿意不愿意、并且实行不实行和广大的工农群众结合在一块。愿意并且实行和工农结合的，是革命的，否则就是不革命的。’”他说：“这就是革命青年的标准。道路是自己选择的，但愿你选择好自己前进的道路。”在这封信上，他还说：“毛主席在《关于正确处理人民内部矛盾的问题》一文中讲道：‘我们希望我国的知识分子继续前进，在自己的工作和学习过程中，逐步地树立共产主义的世界观，逐步地学好马克思列宁主义，逐步地同工人农民打成一片，而不要中途停顿，更不要向后倒退，倒退是没有出路的。’望你努力学习毛主席著作，用毛主席思想武装我们的头脑。你来信也讲向王杰同志学习，听从党的分配，但愿你能理论结合实际，说到做到。”看了这些来信，田瑞莲坚定了到农业战线上去的决心。除自己报名参加了

农业生产外，还说服了其他三名同学和自己一起去农村。

刘英俊入伍后常给表姐郭淑芝写信，谈他学习毛主席著作后的心得。他说："我学习了《为人民服务》，领悟了生和死的意义，我要像张思德那样，服从党的领导，听从党的指挥，绝不碌碌无为地虚度年华。"又说："我学习了《纪念白求恩》，懂得了应该怎样做人，做个什么样的人，我虽然不能和白求恩相比，但我立志向他学习，学习他毫不利己，专门利人，为全人类的解放事业，甘愿贡献出自己的青春和生命的精神。""我学习了《愚公移山》，明白了应该怎样对待工作和生活中的困难，浑身满是力量。"他最热爱对毛泽东思想有着深刻认识的人。1963 年，全国各地积极响应毛主席的伟大号召，开展了向雷锋同志学习的活动。是他，第一个把雷锋日记抄给郭淑芝，并连同剪下来的雷锋的照片寄给郭淑芝。从他的来信中，可以看出，雷锋的崇高品质深深地感染了他。他说："我们一定要像雷锋同志那样，把有限的生命，投入到无限的为人民服务之中去,做一颗永不生锈的螺丝钉！"以后，他多次来信，都在信封上标注了雷锋的话，愿大家共同学习。1965 年，又一个伟大的共产主义战士王杰出现了，这次又是他第一个向郭淑芝介绍王杰的英雄事迹。他在与王杰严格对照后深刻检查了自己，说"我以前没能做到一个像王杰同志那样，一心只为革命，只为人民的好战士，有时还有私心。这样怎配做一个革命战士呢？从今天开始，我一定向他学习，像他那样，不怕苦，不怕累，'完全'、'彻底'地为人民服务。"

他还说："如今，美帝国主义侵略者还在越南人民的领土上肆意妄为，我恨不得立刻奔向那里，与越南人民一同作战。我现在已做好一切准备，只等党一声号令。能把青春和生命献给世界人民最需要的地方，哪怕是牺牲，我也觉得是幸福的，是光荣的。"不难看出，他早就有了英勇献身的思想准备。

刘英俊曾是佳木斯市永安小学的一位校外辅导员。他非常关心孩子们的成长，他常用毛泽东思想教导孩子们争做社会主义的红色接班人。他把宣传毛泽东思想当作自己毕生的战斗任务，把培养红色接班人看作是自己的神圣责任。他常从阶级教育入手，培育下一代，启发孩子们热爱党、热爱毛主席、热爱新社会。在与小朋友们第一次见面时，刘英俊就给他们讲了劳动人民在旧社会的苦难生活。他和小朋友一起参谒了烈士纪念塔，还给他们讲了很多革命故事，告诉他们：今天的幸福生活是革命先烈用鲜血换来的，我们应永远铭记他们。我们要牢记阶级苦，珍惜今日甜，听毛主席的话，好好学习，努力做事，做红色革命接班人。刘英俊在担任校外辅导员期间，时刻注意小朋友们的思想状况。为此，他还特地买了十多本宣传革命英雄人物的连环画，送给了小朋友们。他建议他辅导班级的班主任老师，要注重孩子们的革命思想教育。刘英俊的全部辅导活动，都贯穿了一条红线，那就是宣传毛泽东思想，加强对儿童的政治思想教育，因为培养学生的一个重要方面，就是对学生的政治思想教育。这是"工作的纲"。孩子们的思想政治教育应该怎样进行呢？1963 年

5月4日，他在给永安小学教师孙承菡的信上说："作为老师的我们必须时刻清楚他们在想些什么，系统地观察、分析、研究他们的思想动向。不仅要研究他们校内的情况，还要研究他们的家庭情况、环境与朋友、游戏与娱乐的内容。"1963年5月19日，他又来信说："你的工作是培养共产主义事业的接班人。你应该抓好学生的政治思想教育，这是你工作的纲，纲举目张。这一环抓好了，学生就能自觉地按培养目标努力，就能遵守纪律，积极劳动，刻苦学习。你应当经常给学生们讲一些国家大事和英雄模范的故事，培养他们有一种时刻准备为祖国、为社会主义和共产主义立功的强烈愿望。努力把孩子培养成为对党和国家有用的共产主义新人，这是每一位教师，每一位班主任光荣、神圣的责任。"

刘英俊宣传毛泽东思想，不放过任何时机、任何渠道。1965年6月，在佳木斯纺织厂子弟中学打球时，刘英俊认识了一名学生。这个学生后来当了营业员。他开始时对这项工作的态度不端正，觉得这工作不体面，见了同学总是能躲就躲。刘英俊知道后，主动找到他，与他一同学习了毛主席著作，通过学习，这个青年对毛泽东思想有了深刻的认识，他提高了阶级觉悟，也提高了服务质量。

刘英俊所在三班的墙上，还挂着两块刘英俊精心制作的毛主席语录板。他怕同志们工作、学习没方向，便每隔几天就换一条语录，时刻不忘用毛主席的话语勉励大家。1966 年，班里有个别老同志对新战士关心不够。刘英俊发现了这种情况，在与班长李洪记商量后，在语录板上工工整整地写下了这样一条毛主席语录："我们都来自五湖四海，为了一个共同的革命目标，走到一起来了。……一切革命队伍的人，都要互相关心，互相爱护，互相帮助。"晚上，他又与全班同志一同学习了这条语录。战士王家好对新同志有时态度不太好，说话嗓门大。学习了这条语录以后，王家好吃惊地说："要不是读了这条语录，我还觉得自己做得挺好呢！和毛主席的话一对照，我才发现自己差得太多了。"后来王家好主动找新同志交了心，全班同志也更加注重从政治上、生活上互相帮助、互相关心了。一年来，刘英俊先后写了一百多条毛主席语录，都是有关为人民服务、人民战争、批评与自我批评、艰苦朴素、团结战斗的，及时地解决了班里同志的思想问题，促进了战士们思想的革命化，他不愧是毛泽东思想的模范宣传员。

英雄壮举

真正的典型

☆☆☆☆☆

刘英俊所在部队前政治部主任曾说过："刘英俊这个英雄，是一般号召的产物，不是个别指导的产物。"这句话寓意深刻，就是说，刘英俊生前从未被特殊照顾，他生前并不是先进人物，他入伍好几年也没能入党，甚至从未被评为五好战士，就更不用说立功受奖了。在他牺牲后，他的英勇事迹最先是在老百姓中间传开的。各界群众成群结队地来到报社和部队向他们反映刘英俊的光荣事迹，要求组织学习他大无畏的精神并对他追加奖励。在给刘英俊定论前，师长和政委进行了调查，调查后，大家都被刘英俊的事迹感动得落泪了。师长说："我们的部队就是要造就像刘英俊这样的人，就是要由刘英俊这样的人组成。

我们的某些干部应该进行反省，在我们身边出现这样的典型,却不能发现！”前政治部主任说：“刘英俊的形象是高大的，过去是我们工作上忽略了，但现在我们应当重视起来。连里、团里应该多开会多总结，变被动为主动，变坏事为好事。”

刘英俊曾是一名普通战士，甚至不是先进战士。连队的个别人看不上他，平时总是旁敲侧击，拿话噎他。就他当墙报委员这件事来说，连队也有人认为他胜任不了这个职务；他领人订食谱，有的连队干部还打击他说："不知道上进，就知道在吃的方面下工夫！”甚至在牺牲后，当几十家媒体记者到部队采访时，他的一个领导仍认为他是一个后进兵，不值得进行宣传。但历史是公正的，人民群众的眼睛也是雪亮的。虽然刘英俊永远地离开了我们，但他却用他的生命和鲜血谱写了一曲嘹亮的爱民之歌，一曲壮丽的青春之歌。

惊天动地

☆☆☆☆☆

1966 年 3 月 14 日晚，也就是刘英俊牺牲前夜，他去马厩查看，发现其中有匹马不吃草，他想牵着马去看看。3 月 15 日出操回来，刘英俊快速地吃过饭后，第一个冲进马房里刷马。那天班长李洪记担任训练驭手的工作，他领着刘英俊等三人牵马、套马。刘英俊检查马蹄时，发现辕马缺个钉，报告给班长，班长李洪记说不碍事，算了吧，但刘英俊坚持说不行，然后他找了个钉子给钉上了，这匹辕马就是刘英俊前一晚检查过的那匹马。这马去年才来到刘英俊他们所在的连队，从未经过训练。为确保安全，李洪记和刘英俊牵着马在操场上走了两圈，感觉没问题了，三个炮车才排成一溜上路。走到佳木斯纺织厂公共汽车站附近时，刘英俊前面的辕马往左前方倾斜了一下，跑到了路中央，恰好从东往西来了辆载重汽车，喇叭一鸣，前面的马就惊了。刘英俊紧拉住后面的马，李洪记在中间的车跑回来，结果辕马也惊了。于是李洪记和刘英俊一齐使劲，车在马路上转了两圈，终于停了下来。这时前面的马向西，辕马向东。他俩商量一下准备把前面的马卸下来，担心要是继续往前走，路上人多会出事故。他们计划把辕马牵到队列里去，往西走，向北拐。李洪记就在刘英俊车前方三四步远处。刘英俊原本在车左侧，但当他跑到右侧去解开拴辕马的皮条时，又有一辆载重汽车从西向东开了过来，司机一按喇叭，惊到了刘英俊身边这匹马，于是它开始在大马路上狂奔起来。当时正是上班上学的高峰期，许多人站在公共汽车站候车，这匹马竟朝着人群窜去！刘英俊见势不妙，因为他在马的右边，于是便用左肩膀扛马脖子，硬是把马扛上了北边一条小道，避免了一场横祸。但是上了小道，马跑得更快了，有经验的老百姓见刘英俊当时的情形十分危险就朝他大声喊："快撒手！快撒手！快撒手！"班长李洪记当时清楚地听见，刘英俊大声回答道："我不能撒！不能撒！"因为他发现前面有人，如果他撒手后处于疯狂状态的马根本停不下来，会对前面的人群造成很大的威胁。当时车和马都处于急速的状态，靠一个人的力量根本就拉不住。这时刘英俊看见前面有几个背着书包上学的孩子，他更是着急，他用右手把马缰绳挽了两圈，不知他从哪来那么大的力量，猛地一拉，马前蹄腾空而起，竖得老高，刘英俊乘机用左腿猛踹马后腿，而自己的身体也跑到车底下去了。马倒下时，是脊背朝右，马蹄朝左。马一倒，辕杆便重重地压在了刘英俊的胸上。加上马还有向前的冲力，辕杆也跟着向前，把刘英俊夹在了马屁股和车轮之间，马屁股压着他的大腿，车轮挤着他的肩膀……

闻讯赶来的李军医给刘英俊做了两个多小时的人工呼吸，全佳木斯市各大医院的名医都到齐了。听说要输血，重炮连、通信连、七连……很多人，还有老百姓，他们就在团卫生队的验血登记处排成长队，等着给英雄输血，一个断臂工人也赶来了。抢救刘英俊的佳木斯纺织厂医院各科都停止看病了。中午 11 点 50 分，医院宣布刘英俊牺牲了！悲痛万分的军民把医院围了个水泄不通。部队首长让官兵们先撤回，可大家谁也不动，直到首长下了“党员带头走，党员走完，团员走”的命令后，才一点点把官兵动员回了营房。佳木斯纺织厂职工上班的不上班，下班的不回家，看病的不看病，寸步不离地守在医院，守着英雄。刘英俊入棺前，李洪记给他理了发。刘英俊的追悼大会开得十分肃穆而隆重，到会的仅纺织厂的职工就有两千多人。刘英俊的遗体本来是要安放在烈士陵园的，后来佳木斯市委领导亲自为这位英雄找了个四处都是树的地方，突出地单独安放。

英雄命名

☆☆☆☆☆

1966 年 3 月 15 日，黄浩刚担任师长一职，一上任就碰到了一件大事。那天，他接到值班室一个惊人的事故报告：二〇〇团重炮连三班战士刘英俊等几名战士赶着三辆炮车，沿市郊公路出发去训练，行进途中，驭马受惊狂奔，炮车翻倒，驭手刘英俊被压在炮车底下，受了重伤，送医院抢救无效死亡。

听完报告，黄浩与参谋和干事一起，立即坐车从师部驻地哈尔滨赶往佳木斯市重炮连。亲眼目睹了事故全过程的居民组长杨淑敏大嫂，泪流满面地向黄浩他们讲了事情经过：当时解放军正赶着炮车在公路上走着，一辆大卡车“呼”地贴着炮车向西飞驰而过。大卡车的喇叭声惊了一匹拉车的马。那马掉过头就是没命地跑，不好，要出事！前面就是公共汽车站，这个时候那儿等车的人很多，那个解放军实在太勇敢了！他怕伤着人，使劲猛拉缰绳，后来又去扼马脖子，硬是把惊马逼向公路左侧的小道，避免了一场大祸啊！可是那马还是不听使唤，还在继续飞奔。天寒地冻的他拉也拉不住，路上行人怕他被马拖死，大声喊：快撒手！快撒手！他却大

▽ 刘英俊勇拦惊马雕塑

声回答说：不能撒手！不能撒手！这时，杨大嫂看见离炮车不远处还有6个孩子，他们已经被飞奔过来的惊马吓蒙了，站在那里，一动不动。在这千钧一发之际，那战士把缰绳在胳膊上绕了几道，猛地一拉，那马就前蹄腾空举起来了，接着他又两手撑上辕杆，用尽全身力气，两腿并拢踢向马的后腿，马倒了，车也倒了，这时车子离孩子们只有两三米远。6个孩子得救了，可他却被压在了炮车下，受了重伤！看到出事了，群众赶忙上去把他从炮车底下拖了出来，送到附近的纺织职工医院去抢救……

黄浩边听边思忖，刘英俊这个舍己救人的英雄，不正是党和毛主席经常教导我们应努力成为的那种“热爱人民的好战士”么？于是，黄浩当即向军部报告，军领导极为重视，并派政治部主任夏光亚带领工作组前来进一步了解，许多群众都含泪向他们述说了当时的情况。事故发生后，工人不上班了，学生不上课了，都拥向医院看望英雄，几百名群众和战士挤在医院门口，要求为他献血。外科手术室里展开了一场抢救英雄生命的战斗……可是终因伤势太重，经过三个多小时的抢救后，还是没能留住英雄的生命。几天后，《解放军报》也派出薛真、李方诗处长和吴牧华三人来佳木斯，到现场察看并向目击群众询问当时情况。通过对刘英俊生前情况的采访，他们得知，平日里刘英俊也是处处以雷锋为榜样，严格要求自己，自觉地为连队、为群众做好事，甘当无名英雄。

刘英俊所在部队军、师、团也组成了联合采访组，经过一个多月的调查走访，他们挖掘出许多刘英俊生前的感人事迹。同时，也整理了刘英俊的日记和书信，印发《关于深入宣传和学习刘英俊的决定》，开展向刘英俊学习的活动。刘英俊所在部队第二十三军党委根据刘英俊的突出表现，决定给他追记一等功，追认他为中国共产党正式党员，并发出了学习刘英俊的号召。此后，沈阳军区领导机关隆重举行了学习刘英俊大会，接着，中央军委于1966年4月10日授予刘英俊“人民的好儿子”称号。总政治部也发出了通知，《解放军报》发表了“向毛主席的好战士刘英俊学习”的社论。7月14日，新华社发表长篇通讯。7月28日，《人民日报》发表了“人民的好儿子”的社论。一场学习英雄的活动，从刘英俊所在部队到他的家乡，又波及到全国各地，迅速开展起来，各行各业都掀起了学习刘英俊的热潮。

神州的呼唤

各地各部门发出学习号召

☆☆☆☆☆

1966年7月1日，沈阳部队党委发出《关于开展学习刘英俊活动的决定》。7月2日，中共中央东北局发出学习刘英俊的通知。7月14日，中国人民解放军总政治部发出在全军广泛开展宣传和学习刘英俊的活动的通知。7月14日，中共长春市委发出《关于开展宣传和学习刘英俊的决定》。7月15日，全总、团中央、全国妇联分别发出学习刘英俊的通知。7月16日，中共吉林省委发出《广泛深入地开展学习和宣传刘英俊的活动的通知》。中共中央工交、农林、财贸、基建、外事等政治部，中共国家体委、文化部、高等教育部、教育部、冶金工业部、商业部、公安部、第一机械工业部、煤炭工业部、纺织工业部、建筑材料工业部、化学工业部、卫生部、对外贸易部、粮食部、物资管理部和中国科学院等单位政治部，中共中央中南局、华东局、西北局、西南局、上海市委、北京市委和黑龙江、辽宁、河北、广东、湖南、湖北、河南、江西、云南、贵州、青海、甘肃、江苏、广西、四川、福建、浙江、安徽、山东、山西、陕西、新疆、内蒙古、西藏等省（区）委等单位和中国人民解放军广州部队、济南部队领导机关，中国人民解放军新疆、西藏军区政治部和河北、浙江、江西等省军区政治部等领导机关也分别发出学习刘英俊的通知。

▽ 刘英俊当年救下的六名儿童

权威媒体大力宣传

1966年5月25，新华社发表题为《毛泽东思想武装起来的又一个伟大共产主义战士刘英俊为保卫人民安全英勇献身》的长篇通稿。新华社电文称：在祖国东北黑龙江省佳木斯市，出现了一个为保卫群众生命安全而英勇献身的欧阳海式的英雄人物。他是驻军某部炮连战士，名叫刘英俊。人们热烈颂扬他“是毛主席教育出来的好战士”，“是我们亲眼看见的雷锋，亲眼看见的王杰”。

7月14日、15日、16日、20日，《解放军报》接连发表学习刘英俊的社论。社论写道：沈阳部队某部炮连战士刘英俊，为了保卫人民群众的生命安全，英勇牺牲了。这是我军又一个欧阳海式的英雄人物，是我们时代又一个雷锋、王杰式的伟大的共产主义战士。我们要像刘英俊那样，永远忠于党，忠于人民。学习刘英俊，就是要培养出千千万万个像雷锋、欧阳海、王杰、麦贤得、刘英俊这样的毛主席的好战士。刘英俊，同我们时代的千千万万个英雄模范一样，是在毛泽东思想哺育下成长起来的。他正是从革命的需要出发，在学习中狠抓世界观的改造，狠抓自我批评。在暴露和克服自己的缺点和错误方面，他是一个无所畏惧的彻底的唯物主义者。他勇于实践，坚持为革命而学，为革命而用，把理论和实践完全结合起来，把改造主观世界和改造客观世界完全结合起来。刘英俊所以能够比较快地树立起无产阶级世界观，是同他的彻底革命精神和自我批评精神分不开的。学习刘英俊，就要像他那样，充分认识到自我改造的重要性。就要像他那样，经常地进行严格的自我批评。就要像他那样，老老实实地在革命斗争的实践中加强锻炼。就要像他那样，自觉地、彻底地进行自我革命。7月28日，《人民日报》发表题为《人民的好儿子》的长篇社论。社论写道：人民的好儿子刘英俊，为人民付出了他年轻的生命。他的英雄事迹，感动着我们，教育着我们，推动着我们去思考一切。刘英俊虽然牺牲了，但是，跟伟大的共产主义战士雷锋等英雄人物一样，他为人民服务的崇高精神，永远活在亿万人们心里，永远活在千秋万代的共产主义事业中。社论最后以十分罕见的“人民的好儿子刘英俊同志万岁！”一句结束。

全国掀起学习刘英俊的热潮

☆☆☆☆☆

（1）佳、长两市举行追悼和学习大会

1966年3月21日，毛主席的好战士刘英俊光荣牺牲的地方——黑龙江省佳木斯市各界和驻军部队2400多人举行追悼大会，沉痛悼念为保护人民群众生命安全而光荣牺牲的解放军某部战士刘英俊。刘英俊的父亲刘天禄、母亲朱秀兰由长春前往佳木斯参加了追悼大会。佳木斯人民要求把刘英俊的遗体安葬在佳木斯，他们派代表向前来参加追悼会的英雄的妈妈朱秀兰请求说："刘英俊是您的儿子，也是我们佳木斯三十万人民的儿子,他是为我们牺牲的,我们要永远纪念他，向他学习，让他这颗红心永远和我们佳木斯人民连在一起。"刘英俊的妈妈说："孩子参军保卫祖国，是我送去的；现在佳木斯人民需要他，我就把他留给佳木斯人民吧！”追悼大会之后，当地党政领导和部队负责同志前往刘英俊灵堂谒灵，并护送至佳木斯市革命烈士公墓安葬。

1966年3月26日下午，刘英俊家乡所在的长春市二道河子区各界近千人举行追悼大会，隆重追悼刘英俊。追悼大会会场庄严肃穆。会场中央悬挂着刘英俊的遗像，四周布满青松和花圈，两侧悬挂着巨幅挽联。追悼大会开始，中共二道河子区委副书记吕永淮、二道河子区区长刘希华等向烈士敬献了花圈。接着，刘希华同志致悼词。他说，几年来刘英俊在党和部队的教育下，在毛泽东思想的指导下，不仅总能出色地完成各项任务，而且对人民也是无比热爱。他在日记中这样写道："只要为了祖国，为了人民，哪怕是牺牲我的青春和生命，也是幸福的。”刘英俊牺牲了，我们十分悲痛，但心痛过后，我们更应化悲痛为力量，做好各项工作。刘英俊生前所在的东站小学和十八中学的师生代表也在会上发了言。他们表示：决心像刘英俊那样孜孜不倦地学习，像他那样全心全意为人民服务，在祖国和人民需要的时刻，为革命贡献一切，并把刘英俊的英雄事迹作为今后师生学习的典范。烈士的母亲朱秀兰也在会上讲了话。她说：我儿子牺牲了，我很难过，但是，他是为了保护群众的安全，为了人民的利益牺牲的，我又因他而骄傲。刘英俊生前所在部队的代表，还在会上讲述了烈士生前的事迹，到会的同志都深受感动和教育，许多人都是含泪听完的。

7月14日下午，佳木斯市举行了有一万多人参加的向刘英俊同志学习大会。会上人们一致表示，要争做刘英俊式的人，像他那样把贯彻和宣传毛泽东思想作为毕生的事业。大会由中共佳木斯市委书记处书记、市长刘华主持。刘英俊生前所在部队负责人夏光亚首先介绍了刘英俊的生平事迹。中共黑龙江省委书记处书记张林池、黑龙江省军区负责人王中军、中共佳木斯市委第一书记赵云鹏在会上讲话。被刘英俊抢救脱险的儿童家长代表、佳木斯纺织厂女工王艳茗，脱险儿童代表、佳木斯纺织厂职工子弟学校一年级学生刘继英，也在会上做了发言。这个隆重的大会，除设在佳木斯市工人文化宫的中心会场外，还在纺织厂、电机厂、医学院等30个单位设立了分会场，许多工厂企业职工、学校师生、机关干部、部队战士、街道居民等还收听了大会实况广播。

7月15日下午，长春市举行了向毛主席的好战士刘英俊学习动员大会，一万多名各界代表参加了本次大会，大会主要内容是号召广大人民群众向刘英俊同志学习，真正把毛主席的书当作一切行动的指南。中共吉林省委代理第一书记赵林同志在讲话中表示热烈响应东北局号召，从现在起，要在全省范围内，开展一个大规模的学习和宣传刘英俊的活动，把全省学习毛泽东思想的高潮和向人民解放军学习的活动推向新的高峰。会场布置得庄严而又隆重。主席台正中，十面红旗衬托着伟大领袖毛主席的巨幅画像。主席台两侧悬挂着“读毛主席的书，听毛主席的话，做毛主席的好战士”等标语。主席台对面竖立着“向刘英俊学习！”的巨幅标语牌。会场周围还插着许多面红旗。到会人员从四面八方走进会场，他们怀着崇敬之情，怀念英雄、学习英雄。参加大会的有中共吉林省委代理第一书记赵林，书记处书记、省长栗又文，书记处书记富振声、郑季翘，吉林省副省长于克、徐寿轩、王奂如、周光、张开荆，中共吉林省委书记处候补书记、中共长春市委第一书记宋洁涵，第二书记李都，书记处书记、市长陈钟，书记处书记王季平、李一平，长春市副市长李承锟、张靖华、程光烈等省市领导同志。参加大会的还有吉林省军区负责人钟明彪、王振华，长春驻军负责人欧阳家祥、邱仁华，省总工会副主席周秀清，团省委副书记尹长河，省妇联副主任高扬，长春市总工会副主席贺瑛，团市委副书记杨天民，市妇联主任张青芝。刘英俊生前所在部队的负责人谷凤鸣，也应邀赶来参加了大会。省五好职工标兵张国良、刘子玉，长春市五好职工标兵尤凤太、田维荣、张志平，沈阳部队学习积极分子陈金元，全国民兵代表会议代表、神枪手李慧英，全国优秀少先队辅导员、省学习积极分子刘菁惠，全国人民代表大会代表、省贫农下中农协会筹备委员

会常务委员陈贵等，也参加了大会。大会还特地邀请了伟大的共产主义战士刘英俊的父亲刘天禄、母亲朱秀兰。大会进程中高潮迭起。一万余人振臂高呼“向毛主席的好战士刘英俊学习！”大会在经久不息的震天的口号声中结束。会议进行期间，吉林人民广播电台、长春人民广播电台、长春电视台同时转播了大会实况，全省广大工农兵和干部，收听了广播或观看了电视。许多人还向大会寄出了表示向刘英俊学习的信件和决心书。

向英雄刘英俊学习的活动，很快就在长春市广大职工和青年、妇女中掀起了群众性的热潮。7月16–17日，市总工会、团市委、市妇联组织召开万人誓师大会，一致热烈响应中共中央东北局、中共吉林省委和中共长春市委的号召，决心以刘英俊为榜样，把毛泽东思想的伟大红旗更高地举起。万人誓师大会分四个会场。会前，各会场上革命歌声此起彼伏，表现出向英雄刘英俊学习的豪情壮志。来自工厂、商店、学校的职工、师生和广大妇女、青少年的决心书，一批又一批地送到大会会场。当中共长春市委书记处书记、市长李承锟、长春市副市长程光烈陪同刘英俊生前所在部队负责人谷凤鸣，刘英俊的爸爸刘天禄、妈妈朱秀兰走进大会中心会场和各分会场时，全场响起了长时间的掌声，出现了一片热烈、沸腾的景象。大会首先请谷凤鸣同志讲话，他详细地介绍了刘英俊的生动的英雄事迹，使到会的职工、青年和妇女受到极大的鼓舞和教育。英雄的母亲朱秀兰接着在会上讲话。她说，英俊为群众的利益牺牲了，我感到光荣。他死得值得，做得对。这是党培养教育的结果。我们做爸爸、妈妈的，今后更要听党的话，向儿子学习。她鼓励到会的职工、青年和妇女，把刘英俊手中的枪接过来。市总工会副主席贺瑛、共青团长春市委副书记杨天民、市妇联主任张青芝分别在会上讲了话。要求各级工会、共青团、妇联组织，在党的领导下，组织广大职工、青年和妇女认真学习刘英俊事迹的有关材料、社论和文章。要把开展宣传和学习刘英俊的活动，同宣传企业中的好人好事结合起

△ 刘英俊纪念馆

来，同职工思想革命化和企业革命化结合起来。参加誓师大会的工业交通、财贸战线的先进人物张国良、田维荣、刘振生、李锡玉等纷纷登台发言，表示决心向刘英俊学习，做毛泽东思想的模范执行者。广大青少年向大会纷纷表示，决心做刘英俊式的无产阶级革命事业接班人。广大妇女决心像刘英俊那样，胸怀祖国，放眼世界，在社会主义革命和社会主义建设事业中发挥“半边天”的作用。东北师大附小的少先队员代表全市少年儿童登台献词，表达了全市少年儿童的誓言：在这庄严的大会上，我们的心情更是无比激动，千言万语只能说出一句话：刘英俊叔叔是我们的好榜样。我们要像刘英俊叔叔那样，真正把毛泽东思想装进脑子里，刻在心里，好好学习，天天向上，从小扎正革命的根，在大风大浪中锻炼成长，誓做无产阶级革命事业接班人。最后，大会在“向刘英俊学习！”等口号声中胜利结束。

（2）军队系统学习刘英俊

7月14日，中国人民解放军沈阳部队领导机关隆重举行向刘英俊学习大会，号召全体指战员广泛深入地开展学习活动。中共中央东北局第二书记欧阳钦、第三书记马明方，沈阳部队负责人陈锡联、曾绍山以及辽宁省、沈阳市党和政府负责人出席了大会。

一个向英雄刘英俊学习的热潮，7月间在长春市驻军中蓬勃掀起。广大指战员纷纷表示热烈响应解放军总政治部的号召，要以刘英俊为榜样，加速思想革命化，加强战备，誓把社会主义革命进行到底。

刘英俊生前所在某部炮连，广大干部战士自刘英俊牺牲以来四个多月时间里，反复深入地开展学习刘英俊的活动，进一步推动了连队的群众学习运动。

热烈响应中国人民解放军总政治部号召，向毛主席的好战士刘英俊学习活动，正在全军迅速展开。刘英俊生前所在部队的战士业余演唱组，写了一首赞颂英雄的歌，唱出了全军同志向刘英俊学习，像他那样热爱毛主席，紧紧跟着党的心愿和坚定决心。连日来，各部队纷纷举行座谈讨论，并且用电报、电话、航空信向《解放军报》和各报社、广播电台发去了大批学习刘英俊的信件和稿件。大家异口同声地赞扬刘英俊对党和毛主席的无限热爱，赞扬他全心全意为人民服务的崇高品质，一致表示要向他学习。学习刘英俊的活动，正在进一步把全军的学习运动推向新的高潮。

（3）全国亿万人民学习刘英俊

新闻媒体自 7 月 13 日开始集中宣传刘英俊的英雄事迹，短短十几天时间，向刘英俊学习的活动便迅速席卷全国。这个学习活动的规模之大，来势之猛，感人至深，是过去所少有的。

它从人民解放军开始，迅速遍及各个城市、乡村，遍及西藏高原、喀喇昆仑山区，许多城镇街头张贴了学英雄的标语和宣传画，许多单位举办了英雄生平事迹展览，许多工厂、学校、人民公社举行了报告会、座谈会、誓师大会。广大青少年在学，老年人在学，家庭妇女在学，各行各业的人都在学。短短几天，伟大的共产主义战士刘英俊的英雄事迹已是人人皆知并且深入人心。人民解放军沈阳部队许多参加革命二三十年的老干部学了刘英俊事迹以后，感动得彻夜难眠。他们在深夜里戴起老花镜，眼含热泪，写下一篇又一篇学习心得笔记。

一个 21 岁的青年怎么会创造这么多奇迹？他怎会有如此崇高的精神境界？人们不解。在学习了刘英俊的英雄事迹后，人们找到了答案：刘英俊之所以能成为毛泽东时代的英雄，是因为他懂得用毛泽东思想武装自己的头脑，真正做到了读毛主席的书，听毛主席的话，做毛主席的好战士。刘英俊努力学习毛泽东思想，已经成了亿万人民学习的榜样。一批南京大学生激动地在会上说：我们一定要跟随英雄的足迹，坚定斗争的立场，热心地为人民服务，把英雄没有走完的路继续走下去。

广大工农兵群众、革命干部及革命知识分子学了刘英俊的事迹后，斗志更加坚强。王金华是佳木斯市纺织厂的一名普通工人，她只有小学文化，但她却利用生产空余时间，写了六篇文章刊登在报刊上。在刘英俊的激励下，佳西公社的一些家庭妇女，也拿起笔杆子，写了三十多篇文章，刊登在街道居委会的黑板报和墙报上。

正在生产建设战线上为争取革命、建设双胜利而努力的工人和公社社员加紧工作的同时，还反复学习了刘英俊的事迹，他们异口同声地说：刘英俊值得我们学习的地方太多了，但千条万条，学习精神是第一条。在许多工矿企业里，工人们把刘英俊当镜子，不断检查自己，修订自己的学习计划，决心把学习运动推向一个新的高潮。在广大农村，一个学习毛主席著作的新高潮兴起了。人们学了刘英俊的事迹后，许多文化室、俱乐部便成了传播毛泽东思想的阵地，人们络绎不绝地前来读书。就是连下地种田，也要揣着毛主席的书，休息时就学。在人民解放军中，刘英俊的“生为人民生，死为人民死”的无产阶级世界观也一直激励着广大指战员。刘英俊在日记中写的“国内外反动势力，企图把反革命复辟的希望寄托在年轻一代的变质上，而个人主义思想正是他们要利用的一个缺口”这句话时刻警醒着指战员们。某部通信连的干部战士在讨论这句话时说：国内外反动势力的“糖衣炮弹”的靶子和弹着点，正是我们头脑中残存的资产阶级思想和私心杂念。我们应以刘英俊为榜样，自觉地破私立公，

改造思想，决心干到老，学到老，改造到老，永葆革命青春。

一个广泛的群众性的向刘英俊学习的活动正在深入开展，它激励着人们更好地学习毛主席著作，更自觉地改造世界观，实现思想革命化，做好一切革命工作。

爱心的传达

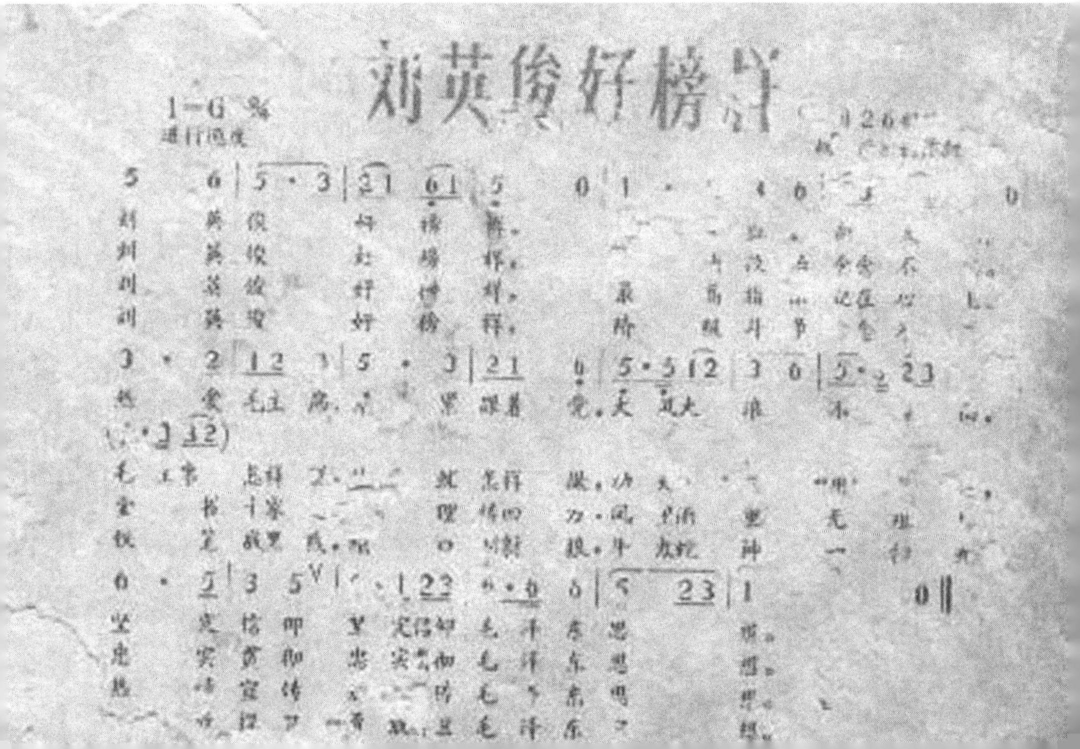

刘英俊好榜样

1=G $\frac{2}{4}$

省市党政领导探望慰问英雄父母

1966年3月24日，长春市副市长程永烈、市人民委员会秘书长李从朴前往二道河子区八里堡公社刘英俊烈士的家中，对烈士的父母进行了亲切的慰问。

7月14日，中共吉林省委代理第一书记赵林和吉林省省长栗又文、副省长于克，中共长春市委第一书记宋洁涵、第二书记李都，长春市市长陈钟、副市长李成锟、程光烈等省市党政领导同志，到二道河子区八里堡毛主席的好战士刘英俊家中，探望和慰问了英雄的父母。

刘英俊的母亲朱秀兰向领导同志汇报了刘英俊童年的生活。当她讲到刘英俊很小的时候，就对他讲家史进行启蒙教育时，

▷ 省市领导亲切看望刘妈妈

赵林同志说："是啊，要经常讲讲家史，任何时候也不要忘记历史。"朱秀兰说："我小时连衣服都穿不上。现在的年轻人是喝甜水长大的，不知道旧社会的苦。"赵林同志说："将来请你给大家做历史教育报告。"栗又文同志接着说："我们要教育好下一代，培养无产阶级革命事业的接班人。"

省市领导同志很关心刘英俊父母的生活，一再问他们生活有没有什么困难，朱秀兰说："党和政府对我们照顾得很周到，我们都在农场参加劳动，收入很多，生活很好，一点困难也没有。"领导同志一再勉励他们在积极参加集体生产劳动的同时，也要注意身体健康。临别时，省市领导同志还与英雄的父母合影留念。

此前，刘英俊生前所在部队的负责人，吉林省军区负责人和长春的领导同志，也分别探望和慰问了英雄的父母。

鸿雁传情

☆☆☆☆☆

一封封一件件充满炽热感情的信雪片般从四面八方飞来，飞到了刘英俊的故乡，飞到了英雄的父亲母亲的身边。据不完全统计，从刘英俊的事迹报道出去之后，在短短的 45 天时间里，英雄母亲接到的信件就达 7200 封之多。其中,有几封信很具代表性。

（1）欧阳海的爸爸欧阳恒文给刘妈妈的信：

朱秀兰同志：

你是一个大公无私的人，把你俩唯一的孩子交给了党，交给了国家，交给了革命，交给了人民。在英俊这孩子牺牲以后，你俩又想得开看得远，真值得我佩服，值得我学习。

当我在报纸上看到英俊为祖国、为人民、为革命牺牲的消息时，开始我和你一样，是很悲痛的。但是英雄和我的孩子一样，死得光荣，死得其所，死得比泰山还重。这是英俊经常读毛主席的书，听毛主席的话，照毛主席的指示办事的结果，也是你们平素教育得好。

秀兰同志，你们培养出这样的好儿子，为祖国、为人民、为革命做了好事情，这是你们的光荣，也是全国人民的光荣。我现在还有四个儿子、一个女儿，他们同样是你们的儿女，我国很多的青少年，他们也同样是你们的儿女。当我的孩子牺牲的时候，全国四面八方给我来信，都热忱地称呼我们俩“爸爸妈妈”。我越来越感觉到，英俊、海子虽然牺牲了，在咱们身边有千千万万个毛主席教育出来的革命的孩子。

秀兰同志，现在全国各地都在向你的儿子英俊学习，我也是一样，决心向你的儿子学习，要好好学习毛主席著作，决心把田种好，用实际行动支援国家、支援越南，支援世界革命。我还叫我在家的儿子和在部队、在学校的儿子，好好向你的儿子英俊学习，要他们像你的儿子一样，读毛主席的书，听毛主席的话，做毛主席的好战士。

敬礼

身体健康

你的同志　欧阳恒文

7月23日

（2）王杰的母亲给刘妈妈的信

英俊的母亲：

听到英俊这孩子为保护人民群众的生命安全英勇献身的消息，深深地感动了我。这孩子和王杰一样，爱读毛主席的书，最听毛主席的话。要不是这样，他是不会舍身救人的。

英俊和王杰都是毛主席教导出来的好战士，他们听毛主席的话，听党的话，孩子们做得对，做得好。当我听完英俊的英雄事迹后，我的心和您一样，能不想念吗？可是毛主席他老人家说“为人民利益而死，就比泰山还重”，心里就敞亮了。孩子是为人民的利益牺牲的，死得光荣啊！

王杰能够“一不怕苦，二不怕死，一心为革命，一切为革命”；英俊能够努力地学习毛泽东思想，都是党和毛主席他老人家教导得好。王杰和英俊听毛主席的话，为广大的青年一代树立了光辉榜样，也是我们当母亲的学习榜样。

咱们老姐俩都是在旧社会吃苦长大的，毛主席和共产党救了咱们穷人，才有今天的幸福。想到这些，我下定了决心，老老实实读懂毛主席的书，在后半生要为革命多出点力，向自己的孩子学习，为革命献身。在许多烈士家属中，邓芝芳老人给我们树立了一面旗帜，我要向她看齐，做个模范的烈士家属。

现在全国人民都向英俊学习，咱们更不能落在后面，要和全国人民一道向前。

王杰烈士的母亲张秀兰

（3）儿女们的呼唤

英雄是属于人民的，英雄的父母也就当之无愧为人民的父母。失去一个儿子，他们会得到更多的儿子。北京市第五女子中学高三（1）班的全体学生就代表儿女们的心声，他们以女儿的名义给英俊的母亲写来了信："刘妈妈，您失去了一个英雄的儿子，可是您得到了更多的女儿。我们全班同学都是您的女儿，我们在遥远的北京向您叫一声：妈妈，妈妈！"她们随信寄来了两枚金红辉映的纪念章，这在当时是表示心意最好的办法啊！女儿们说："刘英俊生前最向往北京，最热爱毛主席，我们随信寄去一枚毛主席纪念章和一枚天安门纪念章，请妈妈把他放在英雄的身边……"

"感谢你，英雄的父亲母亲，你们为人民培养了一个好儿子，为我们培养了一个好榜样！"在许多的来信中都不约而同地写着这样的话。

一位在上海治病的辽宁人，双脚和右手已不能活动，他硬是用左手一点点地"画"来了一封信。他说："……7月12日晚8点30分，我含着热泪，以崇敬的心情听完了刘英俊的事迹，我躺在病床上默默地发誓，要像刘英俊那样听毛主席的话，照毛主席的指示去做，做个好工人……”

华东纺织工学院的学生朱秀英在来信中说：“刘妈妈，我们要把英俊的枪接过来，把他未完成的日记写下来……我也是一个贫农家出身的孩子，旧社会我虽然很小，但是我都记得咱天下穷人的苦难家史。我身上虽没有地主打的伤痕，可我忘不了咱穷苦人身上被地主打下的伤疤。我决心向雷锋、王杰、麦贤得、刘英俊学习，努力学习毛主席著作，做一个贫农的好后代，做一个劳动者，做一个螺丝钉，做一个无产阶级的革命接班人。”

（4）何止两个英俊

在千百封来信中，有两个特别引人注目的寄信人：一个是山东潍坊柴油机厂21岁的女工，一个是英雄的家乡长春市二道河子区东站分社的干部，两个人恰巧也都叫“刘英俊”。英雄，对革命的人们有着多么难以估量的激励和力量啊，哪怕是名字的巧合，也会使这两个人的心久久翻腾，不能平静，也给这两个人带来特殊的鞭策和鼓舞。长春市的这位刘英俊，和英雄同样出生于贫农家庭，同样曾是解放军的一名战士，可是他学习了英雄的事迹，感到自己和英雄的距离很大，决心迎头赶上。山东的女工刘英俊，深思之后，给刘妈妈寄来了这样的誓言：“我下决心不玷污英雄的名字，像刘英俊烈士一样全心全意、踏踏实实，不为名，不为利，为人民服务一辈子。”与英雄同名同姓的人只发现两个，但是发誓终身学习英雄的人何止万千。许多人在信封上写下了毛主席这样一段语录表达他们的决心:“成千成万的先烈,为着人民的利益,在我们的前头英勇地牺牲了。让我们高举起他们的旗帜,踏着他们的血迹前行吧!”

一个英雄牺牲了,千万个英雄往前闯;一个刘英俊前头走,千万个刘英俊紧跟上。英雄的原籍山东寿光县第三中学的王学增下定决心走英雄的革命路,他说:“我已经

◁ 刘英俊烈士雕像

到了刘英俊入伍的年龄了，他能17岁入伍，我也能，我一定也像他那样为人民的利益，为党的利益，赴汤蹈火，牺牲自己也在所不辞。”英雄的光辉事迹不仅鼓舞着千万个青年、壮年，也深深地吸引着少年儿童们的心。佳木斯市长安公社六委十组居民赵秀兰，在信中述说了一段感人的故事：“英俊没有死，他永远不会死，一个英雄走在前面，千万个英雄跟着成长。我们13岁的树文、10岁的树华，听到英俊的英雄事迹，受到极大的鼓舞，他们表示，决心接过英雄叔叔的日记，接过英雄叔叔的伟大理想。两个孩子立即借块黑板，买来墨汁，把黑板刷得黑黑的，写上英俊叔叔的赞歌。拿起登载英雄叔叔英雄事迹的报纸，抬着黑板奔赴街头，到市内最繁华的第一百货商店门前热情地宣传。他们说：‘要把英俊叔叔的英雄事迹，读得家喻户晓，说得人人皆知，使我们佳

△ 刘英俊烈士光荣牺牲之地

木斯市30万人民都成为英俊叔叔式的毛主席的好战士。’”

六闯火海抢救集体牲畜英勇牺牲的安徽省阜阳专区优秀饲养员赵旭光的母亲说：“我虽然老了，但我人老心不老，坚决争取参加中国共产党。”有的寄信人不知英雄父母的详细地址，在信封上留言，请投递员帮忙送到。其实不这样嘱托，信也是可以送到的。邮递员同志和其他热爱英雄的人们一样，决心向英雄学习，都把英雄父母的信件尽快地送到英雄父母的手中。就连只写着“英雄的父母”五个字，无名无姓更无住址的一封信，也都及时送到刘英俊的父母手中。

当时的报纸在总结那一段日子时说：“在这些震撼人心的日子里，学习刘英俊同志的热潮在全国掀起。亿万人集会，亿万人座谈，静静地聆听，久久地深思。光辉的人生啊，英雄的言行，激动得多少人热泪盈眶，激动得多少人彻夜难眠。人们把心底的话谢了千句万句，人们把可贵的信寄出百封千封。可是，万句话，千封信，又哪能写尽人们对英雄的崇敬；万句话，千封信，又哪能写完神州七亿人民在英雄精神的鼓舞下，创造出的奇迹殊勋。如今，在英雄精神的推动下，革命的大军正高举毛泽东思想红旗，加快步伐，奋勇迈进。如今，在祖国960万平方公里的土地上，七亿人民正续写着刘英俊没有写完的红色日记。”

（5）两只水蜜桃的真情传递

1966年7月21日，刘英俊的父母如约到某部医院慰问伤病员。医院十分重视这项活动，他们特意就此安排了大会。

值得寻味的是，两位老人给伤病员带来了一份珍贵的礼物，那就是两只用木匣精心包装的水蜜桃。

原来，几天前，英雄的父母接到了一个精心定制的木匣，木匣是从我国石油基地大庆寄来的，那木匣上写着这样一排字：“请各位列车长、列车员、长春客运同志，把这份礼物及时送到长春刘英俊父母手中。”在木匣的底下落款是：大庆工人。木匣的右上角写着“特殊邮件”四个大字。英俊的父母小心翼翼地打开匣子，一层又一层的包装纸里，终于出现了鲜红的水蜜桃，还有一封信：“敬爱的英雄父母，这是北京的工人们寄给我们的礼物，以表达他们对我们石油工人的敬意。望着这对水蜜桃我们大庆石油工人十分感激，大家谁也舍不得碰它一下，一齐要求把这礼物转送给您老人家。是您们养育了一个好儿子，一个英雄，一个我们学习的好榜样。为表达我们对英雄的怀念和对英雄父母的心意，我们特地把这对水蜜桃急件寄给您们二老，望二老收下我们石油工人的一片心意……”

铁道部直属通讯站的职工们栽种的桃树结出了硕大的果实，他们自己舍不得吃，说来想去，他们想起了为国争光的大庆人。于是，精心挑选的两只鲜桃便寄到了大庆油田。大庆油田党委很珍视这一礼物，他们十分谨慎地把桃子送给了当时全国叫得响的 202 和 205 钻井队。这两支标杆队正值学习刘英俊的热潮中，为表达对英雄的敬意，他们把这礼物再次辗转送到了英雄父母的手中。

在许许多多的礼物中，刘妈妈和刘大爷特别珍视它。老两口经过商议，决定在今天的活动中，把他转赠给医院的伤病员，以表达他们对孩子们的心情。两个桃子当然解决不了什么问题，但集中在这件小事上的巨大意义已经显现出来了。这一天，伤病员们喜笑颜开地把英雄的父母围在中间，那份远道而来的礼物则增加了一层新的气氛，刘妈妈说："这是北京同志们的心意，是大庆同志们的心意，也是我们的心意，希望你们好好养伤，早日重返战斗岗位。英俊没有完成的工作还等着你们啊……"

刘妈妈的幸福人生

朱秀兰，著名烈士刘英俊的母亲，1923 年 10 月 24 日出生于山东省寿光县农村，后随丈夫刘天禄（即刘英俊的父亲）

迁到吉林省长春市八里堡区。1945年,朱秀兰生下长子刘英俊,而随后出生的次子和小儿子在战乱与贫困中夭折。1966年3月15日,人民的好儿子刘英俊为保护遇险的六名儿童的安全,以21岁的青春年华谱写了一曲生命赞歌,成为全国人民景仰的青年英雄,但刘妈妈却失去了唯一的孩子。此后,人们都亲切地称英雄母亲朱秀兰为刘妈妈。

社会各界时刻都没有忘记英雄及英雄的母亲,每逢节假日,都去慰问刘妈妈。2001年3月15日,长春市民政局在刘英俊烈士牺牲35周年,举办了刘英俊纪念馆重新开馆仪式。长春市委副书记杨国勤、副市长田中林、市政协副主席毛学芳、人大副主任冯占祥、民政局副局长肖方中等领导与刘妈妈一起参加纪念活动。春节前,市委副书记李树国、民政局局长李旸等领导,前往刘妈妈家中慰问,带去了党和政府对英雄母亲的关怀。2001年3月,刘英俊就读过的长春市第十八中学被命名为"英俊中学",市人大副主任冯占祥、二道区常务副区长王治义、市民政局优抚处处长杨绍辉等和刘妈妈一起参加命名仪式。2004年10月,长春市市长祝业精在驻佳木斯部队领导陪同下参观了刘英俊烈士纪念馆。2006年,市、区民政局的同志为刘妈妈过83岁生日。2008年12月3日是烈士刘英俊的母亲朱秀兰85岁生日,长春市刘英俊纪念馆在长春万龙宾馆为刘妈妈举办了生日宴会。长春警备区、吉林预备役高炮旅、长春市民政局、二道区政府、二道区民政局相关领导、长春市见义勇为形象大使——长春电视台城市速递主持人刘滨等及关心刘妈妈的各界人士前来为烈士母亲祝寿。在幸福、喜气、祥和的气氛中，刘妈妈擦着眼泪感动地说："虽然儿子为保护人民生命而英勇牺牲，但社会各界对我的关心和照顾，像儿子在身边一样，只有幸福没有孤独。" 2009 年 1 月，沈阳军区老战士书画会吉林省军区分会的老战士们专程到长春二道区远达八里堡街道英俊社区，慰问了英雄的母亲朱秀兰，并向朱秀兰赠送了一副对联："英

◁ 英雄母亲八十五大寿

年舍己光辉史，俊德勇为壮丽诗。”刘妈妈很是感动，她说：“感谢各位领导、老战士在百忙之中能来看望我。多年来，政府和社会各界给了我很大的关怀，我谢谢大家了！”四十多年来，长春市刘英俊纪念馆在做好宣传和学习刘英俊事迹的同时，没有忘记烈士的母亲，作为日常一项重要工作，像儿女一样关心照顾刘妈妈，从物质和精神上给老人以安慰，让老人不孤独，幸福安康度晚年，体现了党和政府对烈士母亲的亲切关怀。

英雄母亲朱秀兰严于律己，勤勉敬业，工作突出，有口皆碑，先后被选为第五届、第六届全国人民代表大会代表，受到党和国家领导人多次接见。1966 年和 1999 年她先后参加了国家专门为英模安排的国庆观礼。从上世纪60年代中期，朱秀兰就是省、市妇联委员、省农代会主任委员，直到退休，全家住在八里堡街道办事处英俊村宿舍 2 门 3 楼，靠定期抚恤金、城市低保金和英俊村给予的生活补助费等生活。

2009 年 2 月 6 日 18 时 30 分，英雄刘英俊的母亲朱秀兰因心脏衰竭在吉林大学中日联谊医院逝世，享年 86 岁。2 月 4 日，刘妈妈出现心脏衰竭症状，5 日，刘妈妈接受了安装心脏起搏器手术，6 日 18 时 30 分，经医治无效而病逝。刘妈妈生前身体特别好，胃口也不错。英俊社区书记杨淑洋回忆，大年三十那天，社区组织去刘妈妈家包饺子，刘妈妈特别高兴，吃了三四个饺子、一碗粥、一个鸡蛋。刘妈妈身体不适是在大年初五，但她拒绝住院治疗，“她说自己都这么大年纪了，就不给政府添麻烦了”，二道区民政局坚持安排她住进吉林大学中日联谊医院。“她没怎么受到病痛的折磨，器官自然老化死亡，去世前思维还很清晰，走时很安详。”刘妈妈的养女魏梦华说。

早在2000年刘爸爸去世后，养女魏梦华便搬到刘妈妈家照顾她。刘妈妈的家里，“光荣之家”的牌匾挂在大门外，走进屋里，四面墙上挂满了照片，有刘英俊穿军装的老照片，有来探望刘妈妈的人和她的合影。墙上还挂了一个特殊的本子，本子特别厚，封面上写着“探望刘妈妈登记本”，里面是每个前来探望、照顾刘妈妈的人对刘妈妈当日的身体情况所做的记录。“刘妈妈特别喜欢到学校演讲，她喜欢跟年轻人说‘要保持劳动的美德，艰苦朴素的美德’这些老话。”因为特殊贡献，刘妈妈两次当选全国人大代表，两次登上天安门城楼参加国庆观礼。“她对国家的事情一直特别关心，每天都看《新闻联播》，汶川地震，她第一时间就捐了款。弟弟走的时候我母亲没有哭，她跟我们说弟弟的牺牲是光荣的，是英雄。后来的生活，在我的印象里，她没有念叨过弟弟。”魏梦华回忆着养母的点点滴滴。

2009 年 2 月 8 日 8 时 30 分，刘英俊的母亲朱秀兰追悼会及遗体告别仪式在长春息园西厅举行，数百名领导、群众含泪送别刘妈妈。随后刘妈妈的遗体火化，骨灰被安葬在长春九龙源社会公墓。

英雄永生

把传播毛泽东思想当作毕生的战斗任务

革命就要斗争，斗争就是幸福

毛主席的好战士刘英俊同志

沁源小报

QINYUAN XIAOBAO

把毛主席的书当作我们各项工作的最高指示

毛泽东思想武装的又一个伟大的共产主义战士

劉英俊爲保衛人民安全英勇献身

中共沁源县委发出通知号召全县党员、干部、群众

象刘英俊那样永远忠於毛泽东思想

永远的怀念

☆☆☆☆☆

（1）建立纪念馆所

刘英俊的生命虽然短暂如电光火石，但人民和历史铭记着他，无限的时间和空间闪烁着他的光芒。刘英俊的英雄事迹传颂了一年又一年，他的无私无畏、不怕牺牲、勇于奉献的精神，感动了一代又一代人。四十多个春秋过去了，刘英俊的精神依然鼓舞和激励着人们前进。

刘英俊烈士陵园坐落在佳木斯市西郊刘英俊牺牲所在地，占地 3.4 公顷，位于佳木斯市友谊路 542 号。佳木斯市人民为纪念英雄的壮举，于 1967 年 10 月在烈士牺牲地修建了英俊公园，园内建了刘英俊纪念馆和刘英俊烈士墓，烈士遗体迁葬于此，立有烈士全身塑像，塑像下刻道："……

英雄与人民永别了,但他'完全、彻底'为人民服务的崇高精神,永远活在亿万人民的心中,永远活在千秋万代的共产主义事业中!人民的好儿子刘英俊永垂不朽!”1996年,英俊公园更名为烈士陵园,被黑龙江省政府命名为爱国主义教育基地。2003年,时任中央军委副主席、国防部长迟浩田将军亲笔题词“刘英俊精神永放光芒”。

从1996年开始,佳木斯市委、市政府对刘英俊烈士陵园进行了三次较大规模的系统改造,通过上级拨款、社会捐助等形式,筹集资金200多万元,动迁园内36户居民,拆迁陵园周边69户违章建筑。2002年4月,大规模实施对刘英俊烈士陵园规划改造和建设的工程全面展开。重新维修改造了刘英俊烈士墓和墓后屏壁,用黑色大理石贴面,镶有钛金制作的金色题字“人民的好儿子”。新修园内地下排水主管道,地面铺设广场砖、草坪砖、甬道,增添路灯、地灯等照明装置和音响设备。新安装了36米宽黑金钢伸缩门,修建了正门两侧大理石屏壁,修建250延长米通透式铁艺栅栏,新建了排水设施、音响设施和园内照明,铺设广场砖、草坪砖近万平方米,修建了“爱民亭”、“怡心亭”和5.45米高的刘英俊勇拦惊马大型铸铜雕塑一座,栽植了丹东桧柏方阵、丁香方阵三处计三千余株,种植了多年生花灌木和草本花卉三万余株,修建国防教育、健身区域和儿童游艺设施,安装各类健身器材12套,修建雕塑拟木座椅10个。改建后的刘英俊烈士陵园庄严、大气。墓碑屏壁上“人民的好儿子”六个金光闪闪的大字与刘英俊勇拦惊马铸铜雕塑底座屏壁镌刻的“刘英俊精神永放光芒”遥相对称。刘英俊烈士陵园已经成为集纪念瞻仰、旅游观光、休闲健身于一体的综合性陵园，是佳木斯市西部地区一道亮丽的风景。

在刘英俊烈士陵园规划改建的同时，刘英俊烈士纪念馆也先后进行了两次大规模的改造建设。1997—1998 年对刘英俊烈士纪念馆进行了一期改造建设，佳木斯市政府投资 40 万元，对刘英俊烈士纪念馆进行了全面修缮，重新布展并增设了“三江英魂”展厅，于 1998 年 11 月重新开馆对外开放。2003 年，佳木斯市委、市政府决定扩大纪念馆的使用面积和展示内容，将刘英俊烈士纪念馆建设成为全市最大的爱国主义教育基地，以缅怀先烈教育后人。经过长期的紧张筹备，2004 年 7 月，根据市领导的指示精神和要把刘英俊烈士纪念馆办成佳木斯市最大的爱国主义教育基地的具体要求，佳木斯市投资 60 万元，对刘英俊烈士纪念馆进行重新布展，于当月开始二期改造，至 10 月份布展竣工结束，同时挂两块牌子“佳木斯革命烈士纪念馆”、“刘英俊烈士纪念馆”，并于 10 月 13 日举行了隆重的开馆仪式。新改建的革命烈士纪念馆暨刘英俊纪念馆共设 6 个展厅，展出了佳木斯地区各个历史时期 59 位比较著名和有影响力的革命英烈事迹，收集展出了各类展品 214 件。纪念馆总面积为 1300 平方米，采用目前国内流行的高档装饰材料和较先进工艺进行施工，展厅内安装了等离子电视，背景音乐，声、光、电技术运用其中，是目前黑龙江省东部地区较有影响力的爱国主义教育基地之一。刘英俊烈士单设一个展室。

多年来，陵园和纪念馆充分发挥基地作用，在烈士牺牲纪念日、清明节、“五四”青年节、“七一”、“八一”等重大节日，大中小学校开学仪式和驻佳部队新兵入伍、老兵退役之际，广泛开展了爱国主义教育、革命传统教育、国防教育和青少年思想道德教育。据不完全统计，从 1967 年至今，到英俊陵园和纪念馆参观的人数累计达到 200 万人次以上，每年参观人数在 3.5 万人左右，其中未成年人占 65% 以上，全部实行免费开放。刘英俊烈士陵园和纪念馆曾先后被省委、省政府、省国防教育委员

▷ 黑龙江省刘英俊烈士陵园

会、团省委、总政治部命名为“爱国主义教育基地”、“国防教育基地”、“青少年思想教育基地”和“爱国爱民教育基地”等光荣称号。四十多年过去了，祖国大地发生了巨大的变化，佳木斯人民对刘英俊烈士的爱没有改变，一如既往，刘英俊精神成为佳木斯人民颇感自豪的一支火炬！

英雄的故乡长春市建有刘英俊纪念馆，始建于1967年，2000年归属市民政局并成为全额拨款的事业单位。烈士雕像座碑上刻有迟浩田上将“刘英俊精神永放光芒”的题词，熠熠生辉，赫然在目。

（2）印制纪念邮章

邮电部于1967年3月25日发行《毛主席的好战士——刘英俊》纪念邮票一套六枚，原画由沈阳部队政治部供稿，再现了刘英俊生前努力学习、积极宣传毛泽东思想的情形和拦惊马救儿童的场面。这是新中国第一套英雄模范人物邮票。出版社还印刷出版了多种版本的《刘英俊》连环画。

黑龙江省佳木斯、合江等地为纪念刘英俊、学习刘英俊，制作了多种毛泽东像纪念章。第一种向刘英俊学习纪念章，铝质，通径4.8厘米，上方红太阳中间镌有毛泽东浮雕像，头像下设计《毛泽东选集》四卷，凸出部分绘有青松，象征烈士为人民的利益而献身的精神万古长青，铸有“向刘英俊学习”文字，背面刻有“毛主席万岁”“中国黑龙江”铭文。根据当时的惯例，凡铸刻有“中国”字样的像章，一般均是特制赠送给外国友好人士的纪念品。第二种向刘英俊学习纪念章，铝质，旗帜造型，通径 5.2 厘米，旗上镌毛泽东穿军装戴军帽侧面浮雕像，头像下设计《毛泽东选集》和青松图案，刻有“向刘英俊学习”字样和“1966—1970”年代，背面刻有“合江地革委”铭文。此章为纪念“向刘英俊学习”号召发出一周年，同时也是刘英俊烈士牺牲一周年纪念章，设计制作十分精美。第三种向毛主席的好战士刘英俊学习纪念章，两种式样，表面涂漆不同，其他均相同。铝质，直径 4.4 厘米，正面镌有毛泽东浮雕像，像下右边设计《毛泽东选集》四卷，左边绘有刘英俊高举《毛泽东选集》的身姿，背景为飘扬的红旗，上方边缘刻有“努力学习、忠实贯彻、热情宣传、勇敢捍卫毛泽东思想”文字，背面文字：“东方红”、“向毛主席的好战士刘英俊学习”。章中的刘英俊形象是根据刘英俊纪念邮票而设计。第四种向毛主席的好战士刘英俊学习纪念章，铝质，直径 3.8 厘米，中间雕刻毛泽东浮雕像，像下的背景图案为刘英俊在千钧一发之际，不顾个人危险全力阻拦惊马，惊马前蹄腾空而起一瞬间的场景，十分生动形象，表现了刘英俊大无畏的共产主义精神。背面铸有“毛主席万岁”、“向毛主席的好战士刘英俊

学习”铭文。

（3）命名刘英俊学校

刘英俊，对佳木斯人来说，是令人怀念的名字。1963年他开始做“英俊小学”的前身——永安小学的校外辅导员。刘英俊1966年3月在执行任务途中为保护六名儿童的生命安全勇拦惊马壮烈牺牲一年后，即1967年3月，佳木斯市在工人文化宫隆重召开大会，把刘英俊生前担任校外辅导员的原永安小学正式命名为“英俊小学”。刘英俊的母亲朱秀兰出席大会并亲手为“英俊小学”挂牌。

“英俊小学”命名以后，学校在正对学校大门的操场领操台后面，修建起几米高的巨幅画板，在面对教学楼的正中央敬画了“勇拦惊马，舍身救儿童”的巨幅画像，再现了刘英俊勇拦惊马的壮烈场面。同时学校每年3月15日组织学生代表到刘英俊烈士陵园进行祭扫、召开班级主题班会、开辟专门学习园地等许多措施对学生进行教育。刘英俊的故事在佳木斯市中小学中广泛传颂。

1980年英俊小学又改称第十小学。无论这所学校叫什么名字,学习英雄的氛围从来没有改变过。每一年的3月15日，这所学校都要开展大型纪念活动，这所学校的每个学生手里都有一本叫《生命之光》的德育课本，重点回顾刘英俊的英雄事迹及其精神传承。

曾经担任“英俊小学”英俊班班主任的王红卫老师回忆，刘英俊生前担任辅导员的两个“英俊班”的56名学生，在刘

△《毛主席的好战士——刘英俊》纪念邮票

英俊精神的教育下，在各行各业为祖国建设做出了突出贡献。从 1967 年“英俊小学”命名开始到刘妈妈朱秀兰去世前的四十几年里，“英俊班”的同学都定期地给刘妈妈朱秀兰老人邮寄慰问信和土特产。王红卫老师激动地说：有人说，刘英俊烈士是“文革”的产物，但是我们要还英雄本来的面貌。无论到什么年代，舍己救人的中华民族传统美德不能丢；刘英俊的英雄事迹教育影响了几代人，永远是我们学习的榜样！驻佳部队领导王志恒在接受采访时说，多年以来，每逢清明节、新兵入伍和重大任务誓师大会前，我们都要重温英雄的成长轨迹，寻找一名共产党人、一名军人为何奋斗、为谁牺牲的答案，感悟他那无私无畏、不怕牺牲、勇于奉献的精神。刘英俊给佳木斯人民留下的这笔宝贵的精神财富，不能也不会因为种种原因而磨灭，相信它会世世代代传承下去。

在佳木斯市，以刘英俊名字冠名的还有很多，比如英俊社区、英俊派出所、英俊街。英雄的名字早已深入人心，英雄的事迹感召着新一代佳木斯人。

在长春市，以刘英俊名字冠名的也有很多，比如英俊村、英俊乡、英俊镇，建立了刘英俊纪念馆，刘英俊生活过的地方被命名为英俊社区，在革命烈士陵园安放着刘英俊勇拦惊马的铸铜雕像。为了纪念英雄，2001 年 3 月 12 日，在刘英俊牺牲 35 周年之际，刘英俊生前母校长春市第十八中学被光荣地命名为“刘英俊中学”。长春市人大副主任冯占祥、二道区常务副区长王治义、长春市民政局优抚处处长杨绍辉、英雄的母亲朱秀兰参加了命名仪式。在刘英俊中学，校园一侧耸立着英雄的雕塑，还开设了一间“学习刘英俊英雄事迹展览室”，完全以图文资料布置。包括刘英俊上学、入伍的生活照片，还有日记选，以及与英雄有关的人物照片。当时，刘妈妈细心地参观了这间展览室，饱经风霜的七旬老人面对儿子的遗照，告诉同学们：“今天的幸福生活来之不易，你们要好好做人，做一个高尚的人，把方便留给别人，把困难留给自己。”

刘英俊被评为“吉林骄傲”……英雄刘英俊是长春永远的骄傲，他将永远活在长春人民的心中。

精神的传扬

（1）常州战友聚会纪念刘英俊

他们曾是刘英俊的战友，从部队复员或转业后，不论他们身在何处，他们都自觉地以刘英俊为榜样，像他那样在不同的岗位上默默奉献。

刘英俊的常州战友回忆着当年往事。“北京的来了，黑龙江的来了，辽宁的来了，重庆、江苏的都来了……”白志坚、羊坚达和马兆发不会料到自己的一个动议，竟得到了全国各地战友的热烈响应，曾任刘英俊连的连长、指导员和刘英俊班的四位班长，以及五十多位战友从全国各地赶来常州，在常州的14位刘英俊所在连的战友更是赶了个大早，曾经先后担任过刘英俊所在部队第二十三军军长的两位老首长、91岁高龄的秦镜和86岁的黄浩将军，也在2010年9月29日这天，从南京干休所赶来。大家纷纷汇聚到园外园饭店会议室，在“人民的好儿子”刘英俊牺牲44年后的今天，聚集到一起，搞了一次纪念活动，纪念战友和英雄刘英俊。

每一个战友心中都装着刘英俊。刘英俊壮烈牺牲后，他所在连队战友们十分怀念他。每次排队列，报到“刘英俊”的名字时，总会有一位战友代替他响亮地应答。

而每当在最危急的时刻，刘英俊的形象和精神也会鼓励着战友勇往直前：1969年3月，刘英俊生前所在连奉命参加了珍宝岛自卫反击战，在这次战役中，他们英勇作战，发射炮弹100多枚，有力地掩护了我步兵拖回缴获的敌军T–62坦克任务，教训了那些登岛敷设地雷并企图拖走或炸毁这辆坦克的敌军。全连共有13位战友荣立三等战功，3个班荣立集体三等战功，他们经受了生死的考验，捍卫了祖国神圣的领土。这支连队在以后的抗洪救灾、排难抢险中也都屡立战功。

在新中国成立60周年前夕，经过全国人民投票评选，刘英俊当选为“100位新中国成立以来感动中国人物”。这是刘英俊的光荣，也是全连战友们的光荣。刘英俊连战友来自五湖四海，其中有14名来自常州。

战友们时时刻刻牵挂着他们的英雄刘英俊，无论是在部队，还是在他们退伍或转业回到地方以后，只要有战友到佳木斯公干或途经那里都要到烈士墓前献上一束花，点上一炷香，默默地诉说战友的思念之情。有一次，常州战友碰到一起，讲起这件事，几个战友一商量，决定在 2010 年搞一次刘英俊生前所在连战友联谊会，追忆、纪念英雄刘英俊。他们还把想法向远在南京干休所的两位老军长汇报，两位老人早有此意，他们还明确表示“举办活动时，我们一定到常州”。

就这样，刘英俊的常州战友便紧锣密鼓地筹划起来。9 月 29 日那天，在刘英俊生前所在连战友联谊会上，秦镜和黄浩两位老军长激动地说，刘英俊身上体现了一种人生的价值，一种人民利益高于一切的精神，我们应把这种价值和精神带到工作和生活中去，将刘英俊作为人生楷模，发扬老部队光荣传统，全心全意为人民服务，为建设中国特色社会主义事业做出新贡献。

刘英俊的常州战友至今仍延续着他的精神。尽管当初他们大部分是从武进的湖塘、牛塘、马杭、庙桥、遥观、南夏墅、坂上、芦家巷等地到部队的，退役或转业后也大部分回到了常州，但是不管他们走到哪里，他们都自觉地以刘英俊为榜样，全心全意地为人民服务。

白志坚本来是常州知青，参军来到刘英俊连之前，他还曾插队到武进马杭，当过三年农民。刚到部队时，连长看他是知青，就让他当了马倌，三个月后又把他调到了炮班，见他非常灵活，然后又推选他进了侦察班。因为他刻苦学习，注重理论与实践相结合，后来又当上了侦察班班长。此后，他还先后担任了这个连队的副连长、团和师司令部参谋、师作训科副科长、作训科和侦察科科长等职务。他还攻读了黑龙江大学计算机专业，他结合部队作战训练实际，开发的软件多次获得总参和沈阳军区的奖励。1983 年 3 月，白志坚作为先进参谋个人，参加了沈阳军区的学雷锋标兵大会。再后来，他又作为既懂作战指挥又懂计算机软件开发的团职干部，被调到南京陆军指挥学院担任正团级合同战术教员。转业后，他被分配到常州的物资系统任职。改革开放后，物资系统每况愈下，他临危受命，当上了该公司的董事长兼总经理。在他的带领下，经过三年的努力，公司扭亏为盈，员工除领到工资外，还得到了奖金。

员工们都说，如果没有咱们白总，也就没有咱们企业的今天啊！而白志坚却说："我并没有那么神通广大，我只是每次快要撑不下去时，想到了我的战友刘英俊。"

从武进芦家巷走进刘英俊连队的羊坚达，与白志坚同在一个新兵连。在部队时，他是一个好兵，从指挥排的有线兵，一直到班长、连部文书、排长、连指导员。转业到地方后他也是一个好员工、好领导。他工作努力，不久便从市税务局组织科调到了圩塘镇税务所任所长。他的手枪打得好，工作也抓得准，不管是查逃税漏税，还是培植税源，他都事事走在前，创出了优秀的业绩。

刘英俊连的常州战友们，各自都在自己平凡的工作岗位上努力奋斗。他们常把"不要把自己看成一朵花，把别人看成豆腐渣"这句话挂在嘴边，这是他们从连队里学到的，目的是时刻提醒自己老老实实做人、踏踏实实办事。几十年来，他们一直在默默无闻地工作，为常州实现全面小康、奔向富裕之路贡献着自己的力量。

（2）于春芳手书《刘英俊之歌》以纪念英雄战友

2006年3月7日，乍暖还寒，北方的天气依然寒气逼人。于春芳，刘英俊生前所在连的战友，现为林口县政协副主席。他带着当年宣传刘英俊的厚厚一摞材料，一路颠簸来到佳木斯市。于春芳此行的目的，就是要将当年宣传刘英俊的第一份手写稿献给佳市烈士陵园管理处。感情质朴的于春芳，还带来了亲自创作的长达两千余行的诗作——《刘英俊之歌》。

于春芳感慨地说，这首《刘英俊之歌》是自己酝酿了40年，用了4个月时间写作而成的。

“21岁，还是一个孩子，他却在千钧一发之际勇拦惊马，奉献出自己的青春和生命。”60多岁的于春芳在回忆当年的场景时，依然激动不已。作为刘英俊的同连战友，于春芳清晰地记得当年刘英俊离开的最后一刻。“当年英俊受伤躺在医院病床上的情景依然历历在目，3月15日早上8点，我赶到医院，他已经处于昏迷状态。11点，英俊牺牲了。”于春芳说，“当时医院外面围了三四百名群众要为英俊献血，都希望英雄能活下来。”当晚，整个城市都沉浸在悲痛之中，街道上有很多行人，但只能听到人们的脚步声和时而传来的啜泣声。“他之所以能在那种危急时刻挺身而出，是因为他有高尚的人生观和价值观。”于春芳说，正像刘英俊在给老师的一封信中写的那样，“一个人，无论生命长与短，只要他的死是献给壮丽的共产主义事业，那就是无上光荣的”。

“很多人只知道刘英俊勇拦惊马，救下六名儿童的事迹，而他如何参军、英雄品格是怎样形成以及他的一些爱好特长却鲜为人知。”于春芳开始了遥远的回忆。刘英俊热爱祖国。

1962 年正值蒋介石叫嚣反攻大陆，眼看一场新国共战争又要打响，这一时期谁都知道参军意味着什么。当时，还不够参军年龄、才 17 岁的刘英俊，坚决要求参军入伍。1965 年，美国侵略越南，一些部队走上前线，刘英俊再次提出要求到前线去，为了表达自己的决心，他第一个咬破手指写下了参战血书。刘英俊用行动诠释着为人民服务的精神。他牺牲后，越来越多的人来到部队，讲述他照顾孤寡老人、照顾幼小儿童的故事，而这些事迹，在他生前是鲜为人知的。刘英俊是一位爱学习、勤思考、有文采的热血青年。1963 年，他被聘为佳木斯市永安小学三年一班的校外辅导员。这期间，他经常帮助老师做学生的思想工作，对学生进行革命传统教育、爱国主义教育和阶级教育，并经常抽空辅导孩子们学习，成为孩子们的挚友。刘英俊当年还干了一件令人钦佩的事，他写就一篇严斥所谓“正义冲动论”的文章，让同时代的人为之振奋。刘英俊在这篇文章里驳斥了有人认为董存瑞和黄继光的壮举是一时冲动的理论，同时表示“为了党的事业，为了全人类的自由、解放、幸福，就是入火海上刀山我也心甘情愿！”铮铮誓言，反映出刘英俊热血青年拳拳报国之心。也许现在四十多岁的人还都能记起，那个年代曾经传唱大江南北的一首“毛主席的著作像太阳，字字句句闪金光。照得战士心里亮，工作学习有方向”的红色歌曲，就是由刘英俊作词的。

刘英俊牺牲后，于春芳一直想做些什么，以此来纪念自己的战友。但每次提起笔心里都十分痛苦，直到前几年退休了，于春芳才依靠回忆和手里的资料，在大家的帮助下写作了《刘英俊之歌》一诗，了却了自己近半个世纪的心愿。“写下这些文字，就是想让后人了解英俊的事迹，让人们知道，当年勇拦惊马的他，用生命谱写了一首青春之歌。”于春芳说，自己一直保留着刘英俊牺牲时的化验单，这上面虽然没有他的任何字迹，但每个数字，每个标点符号都记录着他的生命体征。“这张化验单，正是刘英俊用一个生命换回六个生命的最好铭记。‘一颗红心向着党，勇献青春为人民’，当年人们纪念刘英俊的语言还回荡在耳边。”于春芳说，“英雄虽离我们而去，但他的精神却永驻人间。”

在于春芳写作《刘英俊之歌》期间，刘英俊的音容笑貌以及生前为人民服务、舍己救人的事迹，一幕幕跳跃在眼前。骄傲、感动、思念，使这位六十多岁的老人多次辍笔而泣。1966 年 3 月 15 日，刘英俊勇拦惊马，身负重伤。时任排长、正在连队值班的于春芳惊闻此事，立刻冲出营房，飞奔到现场，急忙与在场的群众将刘英俊送进医院抢救。于春芳目睹了医护人员和各界群众抢救刘英俊的全过程，也目睹了刘英俊牺牲的全过程。

在刘英俊烈士陵园的习习春风中，一些上了年纪的老人正在舒展筋骨，对他们来讲，这里安放着的英雄，也是他们的亲人、朋友。据烈士陵园管理处于容处长介绍，自 1998 年以来，为了让更多的人来纪念这位英雄，让更多的人了解英雄的事迹，陵园先后对刘英俊纪念馆进行了两次大的维修改造，动迁了园内的原居住居民，拆除了陵园周边违章建筑。单独设立一个展室，专门展出刘英俊生前的事迹材料与用过的物品。新安装了32米宽的黑金刚电动伸缩门，修建了200延长米的通透式铁栅栏，修建了刘英俊勇拦惊马铸铜雕像。原中央军委副主席兼国防部长迟浩田将军亲笔书写的“刘英俊精神永放光芒”的题词就镌刻在雕像的正面。于春芳站在雕像前，泪眼婆娑，仿佛这位战友又活生生地站在了自己的面前。

对于四十岁以上的人们来说，刘英俊的事迹已经成为永恒的记忆。但是对于年轻人，刘英俊还很陌生。40年前，刘英俊刚刚倒下时，学习刘英俊精神热潮在全国迅速掀起。于春芳亲手将这位战友生前为人民服务以及舍己救人的事迹整理成材料，又与战友一道将材料印成书、装成册，分发到工人、农民、学生、军人的手里。那一时期，人人以刘英俊为榜样，无私奉献精神得以全面迸发、释放。而现在，于春芳发觉刘英俊这个名字在青少年一代的心目中已经模糊了，对“英雄”二字的理解也在随着时代的发展变化着。为了让处于新时期的人们不忘革命的英雄，将革命的英雄主义精神融入社会、工作与家庭，这位六十几岁的老人毅然放弃在深圳每月5000余元的高工资,潜心整理刘英俊事迹。于春芳说，一个国家要发展壮大，不光要发展经济，更要发扬民族精神，在现今这个商品经济时代，社会责任感越发显得重要。春雪微飘，于春芳带着他那饱蘸感情的在英俊牺牲地再次修改过的《刘英俊之歌》手稿踏上了去牡丹江的列车，他要回到他曾经服役过的原驻佳某部队，因为当年的战友已经相约在刘英俊牺牲40周年这一天在那里相聚。临行前，于春芳坚定地对记者说："有人认为我宣传刘英俊是为名为利，这些我都不在乎，我只求能用我有限的生命将一个完整的刘英俊留给后人！"

3月的暖阳软软地照进刘英俊烈士陵园，刘英俊勇拦惊马的雕像在阳光下熠熠生辉。记者在陵园中询问后发现，从十几岁的孩子到六七十岁的老人，都能讲起刘英俊当年的感人故事。刘英俊生前所在连现任连长苏李强说：弘扬刘英俊精神，学习刘英俊精神，无论是对于军人，还是80后的青年，都是一种对自身行为和想法的净化。我们作为军人更应该像刘英俊那样，爱人民，服务人民，这是我们的职责所在。刘英俊烈士陵园管理处副处长罗春生说："刘英俊是家里的独子，父母亲去世后，家里已经没有后人。但他是人民的好儿子，人民不会忘记。他那舍生忘死拦惊马的精神将会永远传承下去，激励一代又一代人。"

（3）游客千里骑单车参观英雄纪念馆

1999 年，一位名叫胡世明的常州人骑着自行车，风餐露宿，克服了很多困难，不远千里，风尘仆仆从江苏赶到佳木斯市，专程参观“刘英俊烈士纪念馆”新馆。他仔细参观了刘英俊烈士纪念馆，每一件展品他看得都非常认真，每个说明他都认真阅读，并不时地询问着。这位远道而来的参观者给工作人员留下了深刻的印象，也让大家为之感动，大家真切地感受到英雄精神的影响力。

胡世明告诉工作人员：“这次远行，没有别的活动安排，是特意到英雄的牺牲地——佳木斯实地参观刘英俊烈士纪念馆，睹物思人，感受英雄的伟大精神。”

烈士陵园管理处工作人员介绍说，像胡世明这样特意从外地来佳参观刘英俊烈士纪念馆的人很多，有的从大庆、有的从上海、有的从沈阳等地慕名来到佳木斯，特意来参观刘英俊烈士陵园和刘英俊纪念馆。

刘英俊是众多熠熠生辉的英雄人物中光彩夺目的一员，他为了抢救遇险的儿童，献出了自己年仅 21 岁的生命，在我国英烈史上写下了浓重的一笔。时至今日，刘英俊烈士的精神依然是佳木斯市精神文明建设的一面旗帜，刘英俊烈士纪念馆也成为众人知晓的一个红色文化圣地。

（4）学生踏着英雄老师的足迹前进

刘英俊曾经担任过永安小学的校外辅导员，如今他辅导过的学生已经50多岁了。他们是直接踏着英雄足迹走过来的人。

封桂秋甘当辛勤园丁。封桂秋这个名字，对于大多数人来说都很陌生，但她却有着不平凡的经历。当年正是因为她写给解放军叔叔的一封信，刘英俊成了他们的校外辅导老师，永安小学三年一班全体学生也因此有幸与英雄成为“一家人”。

一个阳光明媚的下午，在佳木斯市记者见到了身患重病的封桂秋，在她担任第十六小学的副校长期间，她拼命工作，终因过度劳累，晕倒在了讲台上，直到这时她才知道自己已经身患肺癌，从此，她便只能带着遗憾与不舍离开了她为之奋斗一生的讲台。她说：“今天如果是别的事情我就不来了，但是宣传刘英俊精神我是一定要来的，刘英俊不只是我们那个时代人学习的榜样，也是世代人学习的榜样。”封桂秋激动地谈起与刘英俊在一起的那段经历，她那原本有些暗淡的眼神也消失不见了。

封桂秋说，令她最难忘的一件事就是刘英俊给她讲红领巾的意义。那一天，她就坐在刘英俊的对面，刘英俊指着她脖子上的红领巾说：“以这条扎好的红领巾为例，大角代表中国共产党，前面的中角代表共青团，短的代表少先队，这个结代表的是要紧紧团结在一起。”刘英俊的讲解让封桂秋对红领巾有了全新认识。从那时起，红领巾对她来说便有了一层特殊的含意。她每晚睡前都要将红领巾喷上水，然后整整齐齐地叠好，压在枕头底下，第二天再端端正正地戴上。她像对待自己的生命一样，珍视并爱护着自己的红领巾。

封桂秋从事教育工作 38 年，始终不忘学习和发扬刘英俊精神。她教过的学生中，有一位十分聪明，但却生性好动，很多老师都不看好他。然而封桂秋并没有放弃他。一天，封桂秋将那名男孩儿叫到办公室，给他讲述了刘英俊爱学习、爱钻研、认真做事的故事，那名男孩儿听后，既惊讶又深受感动。此后，男孩儿发奋读书，立志要向刘英俊学习。目前，这名男孩儿已经成为黑龙江大学的教授。对于教育事业，她曾面临过两次抉择。一次是上世纪 70 年代后期。“文革”硝烟虽已散去，但许多教师仍心有余悸，他们纷纷改行进了工厂，做了光荣的工人，她思想上有些动摇了，但她想到了刘英俊，觉得每个行业都有属于自己的闪光点，干好教师，一样光荣。第二次是上世纪 90 年代初期，正值下海经商的热潮，一位同学找到她，执意要与她合伙做服装生意。面对金钱的诱惑，封桂秋毅然地选择了自己的教育事业，因为她深知那已成为自己生命的一部分，是无法舍弃的。

38 年来，封桂秋从未请过假，她教过的学生有的成为教授，有的成为电脑专家，有的是警察，有的是在读博士，有的还作为公派留学生到了加拿大。他们都在各自的岗位上，为祖国、为人民贡献着自己的力量。提起这些学生，封桂秋脸上有着难掩的兴奋与骄傲，她说她一手带出来的学生，目前还没有一个给国家抹黑的，更没有一个做出有损于人民的事情。

徐伟接过英雄手中的枪。徐伟是刘英俊曾辅导过的小学生之一，他与刘英俊的感情很深。徐伟特别喜欢画画，刘英俊还曾经辅导过他。得知刘英俊牺牲的消息时，徐伟含泪为他心目中的英雄刘英俊、雷锋、王杰各画了一幅画像，至今，这些画像还保存在刘英俊纪念馆里。

如今的他已经转业到了地方。徐伟说，他曾经有过一份令人羡慕的工作，但是由于受刘英俊的影响，他选择了当一名军人。1971 年春天，他如愿走上了保家卫国的道路。通过部队对他的思想的再一次培育，他对刘英俊的“老老实实做人，踏踏实实工作”又有了全新的认识。几十年来，徐伟虽然并没刻意去想刘英俊，但刘英俊精神却早已深植在他心里。徐伟还将这种精神融入工作中。1981 年至 1984 年，徐伟在部队任政治指导员期间，他所在艇荣获合江军分区先进艇称号；1987 年至 1996 年，他任向阳武装部政工科科长期间，荣获“全省国防教育先进个人”称号。自从接过“刘英俊手中的枪”以来，徐伟获得的荣誉很多，但他却一再表示不谈自己，只想谈刘英俊，他说：“我与刘英俊比起来做得太少太少了。”

刘国强冲进塌方处救人。刘国强与徐伟一样，也踏着刘英俊的足迹走上参军的道路，这个不善言谈的汉子，在谈起刘英俊时却异常兴奋。刘国强于 1968 年参军入伍，在部队里，谁有困难，他准是第一个上来帮忙，在老百姓家里也常能见到刘国强挑水、劈柴的身影。他从不跟别人讲自己获得过多少荣誉。他只是默默地做着“自己该做的事情”。

1968 年夏天的一个周日，刘国强所在部队放假一天，他上街办事，正走在路上，忽然看到前方不远处已经被人围得严严实实，不时还传来微弱的呼救声，看样子前面“出事”了。刘国强没来得及多想就冲进了人群，眼前是一个大深坑。原来是一位不懂施工技术的年轻人挖地洞时被深埋在了土下。回去拿挖土的工具是来不及了，刘国强便赤手挖起来。他拼命地挖着，早已顾不上疼痛，就连好几次手指甲因为用力过猛几乎被掀掉，他都没有察觉。在他的感召下，周围的人也加入了救人队伍。年轻人获救了，刘国强却悄悄地回到了部队。这件事他从未向战友们提起，也没向部队领导汇报。

转业回到地方，刘国强依旧默默无闻地工作着。1995 年，他所在单位效益不好准备裁员，刘国强主动要求裁减自己。他说，自己身体还行，再加上还有白铁加工的手艺，他愿意将机会留给年轻人。

郭佳城勇救落水儿童。1995 年 7 月 16 日，佳木斯市发生了一件勇救落水儿童的动人故事，救人者就是在市纪检委工作的郭佳城。郭佳城也是原永安小学三年一班的学生，他的同学向记者讲述了 9 年前那感人一幕。当日下午，从加格达奇来佳探亲的卢某和妻子一起，陪父母和家人在柳树岛松花江边戏水。卢某的儿子见父亲游得兴起，便也试探着往父亲方向靠拢。不料一脚踩空，水没头顶，求救的呼声没喊几声，人已沉入水中。此时，郭佳城游完了泳正准备换衣服，听到喊声后，立刻跃入水中，向溺水者游去。当孩子的父亲赶到时，郭佳城已将孩子救上了岸。这件事被著名相声演员姜昆正巧遇上，当他从群众口中得知，有位“英雄”勇救落水儿童时，他主动要求与“英雄”合影

留念。但是这位“英雄”闻听此事后却夺路而“逃”了。

三十多年过去了，原永安小学三年一班的学生始终没有忘记刘英俊，在发扬他精神的同时，也时常来到他的墓前悼念他。在刘英俊牺牲35周年的那一天，他们还自发地将一面绣有“三十五年前英雄教诲终生不忘 新的时期烈士英魂永驻心中”的锦旗送到了烈士纪念馆，以此来缅怀他们心中的英雄。

（5）被救儿童的坚定选择

2009年2月8日，刘英俊的母亲朱秀兰追悼会及遗体告别仪式在长春息园西厅举行，数百名领导及群众含泪送别刘妈妈。刘英俊当年救下的儿童曹文河、王照国、刘继英、赵纪、赵英、赵俊联名为恩人的母亲敬献花圈。从刘英俊救下的那六个儿童的人生履历中，可以看出他们的成长发展与刘英俊精神的影响是紧密相连的。

曹文河：1976年，曹文河报名参军，被分到英雄生前所在连队，他勤奋上进，没多久就当上了刘英俊生前所在班班长，还入了党，复员后，他到司法局劳教支队工作，期间通过自学，考上佳木斯广播电视大学法律专业，后被分配到永红区政府任干事，1995年下岗经商。

刘继英：1966年，刘继英刚7岁，上小学一年级，那时她的名字叫刘颖慧，刘英俊牺牲后，为了纪念恩人，家人将她的名字改成了刘继英。后来，为了宣传烈士的英雄事迹，她还参加了学校的“红孩子”宣传队。1975年12月，刘继英参了军，当了一名医务兵。后来她远嫁他乡，目前在江苏一家医院工作。

赵纪、赵英、赵俊：三人是亲兄弟，跟刘继英一样，他们也是为了纪念刘英俊将名字改了。赵纪是家中的长子，高中毕业后，接班到钢厂工作，改革开放初期，他做起了小买卖，后来又买了一台货车搞运输，但效益一直不好，2000 年时，因脑出血去世。在赵纪去世前曾到长春看望过刘英俊的母亲。

赵英，排行老二，1983 年因冲动伤人被判刑，后因表现出色，提前释放，开了一家铆焊部。每当店里来了残疾人，他都只收对方成本钱，附近的绿化带坏了，他总是默默地将其修好。他经常跟自己的儿子讲英雄的事迹，平日里生意忙，他就让儿子替他去扫墓。出狱后每年的 3 月 15 日，无论多忙，他都会到陵园去，亲手将墓碑擦拭干净。他总说自己愧对英雄，给英雄脸上抹了黑。

赵俊，当年只有 5 岁，是被救下的孩子中年龄最小的，高中毕业后，他在佳木斯市的纺织印染厂印染车间当了一名印染工人。1993 年，由于工厂不景气下岗。下岗后他开过出租车，干过货运。后来又到七台河市跑业务，在多家地板厂都干过管理工作。

王照国：1976 年，下乡到抚远县创业队参加垦荒，被分配到食堂工作，1979 年返城。后接班到佳木斯市纺织厂当了一名印染工人。1995 年下岗，2003 年买断工龄，后在市场做劳务。他和赵英一样，也曾走过一段弯路，1983 年，他因砍伤人被劳教三年，但他也一直没忘刘英俊的恩情，经常去扫墓。他并没对孩子说起过当年的经历，但他表示，在他临死前，会嘱咐孩子不要忘了去给英雄扫墓。

刘英俊勇拦惊马一幕影响曹文河一生。2009 年 6月 16 日，在佳木斯刘英俊烈士陵园，曹文河接受了记者采访。43 年前刘英俊勇拦惊马献出了自己的宝贵生命，救下了六个小学生，曹文河是其中的一个。英雄的身影定格在当年那个 8 岁男孩的记忆中，他如今已年过五旬，事业颇有建树，可回忆起当年的一幕，他仍难掩内心的激动。刘英俊一直是他最崇敬的人，是教会他如何做人做事的人，是影响了他一生的人。刘英俊的故事他不知道讲过多少遍，可是每讲一次感觉都重新受到情感上的洗礼。

曹文河说，回想当年的一幕，至今还记得那高高扬起的马蹄。那年曹文河 8 岁，在原佳纺小学上学，那天他像平常一样走在每天上学的必经之路上，那段路是土路，路很窄，两边还有深沟。当时走在路上的还有五个小孩，有三个还是亲兄弟。曹文河说，辕马在公路上受惊后，被刘英俊拽到了这条小路上，当时他们被吓蒙了，等回过神儿时，英雄已经制服了惊马。他说，如果不是英雄拦住了惊马，肯定会酿成难以想象的惨剧。

事情发生后，由于害怕，他们没敢吱声，只是看了一眼，就急忙跑开了。当天，他们上课都晚了，老师询问，他没敢说路上发生的事情。曹文河说："我以为自己闯了祸，心里惴惴不安的，老师问也不敢吱声。"中午放学，所有的学生都被留下，老师挨个班级寻找见证人。后来经过老师们做工作，我们六个孩子才站出来。通过我们的回忆以及目击路人的介绍，英雄的事迹被挖掘出来。

曹文河说，英雄的事迹被整理出来后，他们几个被救的小学生就成了宣传员，他们与刘英俊生前的战友一起到学校、工矿企业、单位去演讲，受到热烈欢迎。受到英雄精神的感召，他们有四个还改了名字，以此来纪念他们心中的英雄。

提起当年被救的那一幕，他至今难以忘怀。他说当时他已经吓傻了，用"呆若木鸡"这个词来形容最恰当不过了。他经常思考一个问题：为什么会有这种能为他们这群陌生的孩子而献出年轻生命的人呢？后来他渐渐地明白了：一个人的选择应是努力使他人活得更好。于是他明确了自己的人生追求。

说到英雄对自己的影响，曹文河说“那简直太多了”。1976 年，20 岁的曹文河怀着做刘英俊式好战士的想法，言辞恳切地给刘英俊的母亲朱秀兰写了一封信。刘妈妈被曹文河的真诚所感动，经过刘妈妈的推荐，曹文河成功加入了中国人民解放军，还被分到刘英俊生前所在连。在部队，他学习刻苦，思想积极，他当过五好战士，之后又入团入党，并且光荣地成为了刘英俊班的班长。退伍后，曹文河进入政府司法部门工作，1995 年开始经商，目前是吉林一家医药企业的驻黑龙江代理商，事业颇有建树。一直以来，他总是以刘英俊为榜样，遇到难题时，他会想此时此刻刘英俊会怎么做，这样也就不难找到答案了。曹文河说：“无论何时，我都不会忘记刘英俊精神，这种精神已经成为我性格的一部分。”现在每逢五年或者是十年的祭日，他都会买一个花篮敬献到烈士的墓前。

赵英一生一世都记着恩人刘英俊。2009 年 9 月，记者见到了仍然生活在佳木斯市的当年被救儿童赵英。赵英是一名下岗职工，看得出来，他的生活境遇不是很好。平日里少言寡语的他每当提起英雄时，却总是能以最真诚的话语表达自己的心境。交谈过程中了解到，他经常去烈士陵园扫墓，每年至少去两次，每次都要亲自把烈士墓擦拭得干干净净。

赵英曾在 1983 年因砍伤人被判刑，直到 1992 年 8 月才获释。这件事虽已经过去很久，但他依然无法释怀。他说，那个时候，他不敢和任何人说他是刘英俊叔叔救过的孩子，因为自己的行为太给英雄丢脸了。他总觉得英雄会对他很失望，但同时，他又非常想对英雄说：刘叔叔，你知道吗？我真的好想你。也许是生活的境遇和曾经的经历给他带来太大的压力，记者与赵英接触时，深深感受到了他那平静的表情下掩盖的种种苦涩，不知这些苦涩能否在他与英雄对话时得到释然。

每年的 3 月 15 日，他都要和哥哥赵纪、弟弟赵俊日夜兼程地如期赶到“刘英俊烈士纪念馆”祭奠恩人。他们已去世的母亲一生都在感念着救了她三个孩子生命的英雄。为了让孩子们一生一世不忘恩人，她还特地把三个孩子改名为赵纪、赵英、赵俊，合在一起意为“纪念刘英俊”。随着年龄的增长，他们更懂得了刘英俊精神的实质。

2011 年 3 月 17 日，在刘英俊烈士牺牲 45 周年的纪念日上，曹文河作为当年刘英俊烈士舍命救下的六名儿童的代表，向刘英俊烈士纪念碑敬献了花圈。在原英俊班班主任王红卫老师的带领下，原“英俊小学”英俊班的学生徐伟和陈宝庆，代表“英俊小学”英俊班全体师生，向刘英俊烈士纪念馆敬献了锦旗。锦旗上写着：“深切缅怀我们的优秀校外辅导员刘英俊烈士；世代与时俱进，英雄精神永存！”

后 记

英雄已逝　精神永恒

刘英俊是我们心目中的英雄，刘英俊也是东北人民心目中的英雄，刘英俊更是全国人民心目中的英雄。

刘英俊生于上世纪 40 年代，牺牲于 60 年代。刘英俊的英勇行为和英雄故事，当时是家喻户晓，也早在我们这些六七十年代出生的一代人幼小的心灵中留下了深刻印记。但随着岁月的流逝，时代的推进，那些“八〇后”、“ 九〇后”、“ 〇〇后”对这个英雄的名字已经愈发陌生。英雄的事迹已不为多数人所熟知，回忆文章也只是偶尔散落于浩如烟海的报刊之中，歌颂英雄、宣传英雄便成为我们的一大心愿。

自 2009 年刘英俊入选“100 位新中国成立以来感动中国人物”,特别是接受了吉林文史出版社组织出版同名丛书中《刘英俊》的撰写任务后，我们怀着十分激动的心情，追寻着刘英俊烈士十分短暂而非凡的革命生涯，从 60 年代出版的小册子、连环画、邮票，从零星散乱的图书报刊、有关人等的回忆录，到亲自参观刘英俊（烈士）纪念馆、瞻仰刘英俊烈士陵园、踏察刘英俊旧居、刘英俊小（中）学，到走访刘英俊生前亲友、战友、同学和刘英俊出生地、牺牲地即长、佳两市有关单位知情人，特别是发动自己所带研究生直接参与查找有关材料、搜集一些相关资料，终于理清了英雄的生命轨迹、思想历程、成长道路、动人事迹，包括过去不甚了解的一些故事和许多感人的细节。在此基础上，终于对英雄刘英俊的整体形象有了较为准确的把握。

刘英俊是东北这片黑土地养育的、从长春这座具有光荣革命传统的城市走出去的一个普通青年。他为了保卫祖国，毅然从军，最后为保护人民生命安全而英勇献身，成为一名伟大的共产主义战士。刘英俊是真正的人民英雄，是青年先锋，是时代楷模。他是人民学习的好榜样，鼓舞和影响了几代人的成长。

当前，由于时空因素，英雄在新生代心目中的印记有些浅淡。为此，我们在搜集资料和前期走访环节，要求自己所带的马克思主义理论与思想政治教育专业硕士研究生全员全程参与，目的就是要为他们补上这一课，实践证明确实达到了预期收效。而身为高校教师的撰写者，我们在准备过程中也受到了深深的教育，特别是写作过程中无时不在感受着英雄的教诲，获得了许多方面的激励和启迪。刘英俊的生命是短暂的，但他比流星更闪亮更永恒。刘英俊虽然牺牲了，但他永远活在人民心中，他的精神是不朽的，它将代代相传。

一本薄薄的传记，远远不能完全展现英雄刘英俊的全部人生和整体风貌，更不敢说已对英雄刘英俊的思想与精神层面做出了全面而准确的揭示与定位。这只是我们的一个探索，希望能引起更多人的关注与支持，大家共同努力，早日推出一部更厚重的刘英俊传记。

非常感谢吉林文史出版社王尔立副总编的信任，将这一重要选题的写作任务交给了我们。特别感谢长春日报报业集团资料室王芬主任和硕士研究生刘娉婷、刘应龙、蔡雨、于美丽等同学的帮助，在资料搜集、打字录入和文稿校对方面付出了大量劳动。本书写作参阅了多部同类图书、小册子，摘引了《人民日报》、《解放军报》、《三江晚报》等多种报纸和多家网站所刊发相关文章的部分内容，在此对出版者和作者一并深表感谢。本书作者水平有限，欠缺之处在所难免，敬请读者朋友批评指正。

/100位

新中国成立以来感动中国人物/

丁晓兵　马万水　马永顺　马恒昌　马海德　中国女排五连冠群体

孔祥瑞　孔繁森　文花枝　方永刚　方红霄　毛岸英

王　杰　王　选　王　瑛　王乐义　王有德　王启民

王进喜　王顺友　邓平寿　邓建军　邓稼先　丛　飞

包起帆　史光柱　史来贺　叶　欣　甘远志　申纪兰

白芳礼　任长霞　刘文学　刘英俊　华罗庚　向秀丽

廷·巴特尔　许振超　达吾提·阿西木　邢燕子　吴大观

吴仁宝　吴天祥　吴金印　吴登云　宋鱼水　张　华

张云泉　张秉贵　张海迪　时传祥　李四光　李春燕

李桂林和陆建芬夫妇　李素芝　李梦桃　李登海　杨利伟

杨怀远　杨根思　苏　宁　谷文昌　邰丽华　邱少云

邱光华　邱娥国　陈景润　麦贤得　孟　泰　孟二冬

林　浩　林巧稚　林秀贞　欧阳海　罗映珍　罗健夫

罗盛教　草原英雄小姐妹　赵梦桃　钟南山　唐山十三农民

容国团　徐　虎　秦文贵　袁隆平　钱学森　常香玉

黄继光　彭加木　焦裕禄　蒋筑英　谢延信　韩素云

窦铁成　赖　宁　雷　锋　谭　彦　谭千秋　谭竹青

樊锦诗

图书在版编目（CIP）数据

刘英俊 / 孔德生编著. -- 长春 : 吉林文史出版社, 2012.5
（2022.4 重印）
（100 位新中国成立以来感动中国人物）
ISBN 978-7-5472-1038-3

Ⅰ. ①刘… Ⅱ. ①孔… Ⅲ. ①刘英俊（1945～1966）
－生平事迹－青年读物②刘英俊（1945～1966）－生平事
迹－少年读物 Ⅳ. ①K825.2-49

中国版本图书馆CIP数据核字(2012)第094373号

刘英俊

LIUYINGJUN

编著/ 孔德生
选题策划/ 王尔立　责任编辑/ 王尔立 李洁华 任玉茗
装帧设计/ 韩璘
出版发行/ 吉林文史出版社
地址/ 长春市福祉大路5788号　邮编/ 130118
电话/ 0431-81629363　传真/ 0431-86037589
印刷/ 天津海德伟业印务有限公司
版次/ 2012年10月第1版 2022年4月第4次印刷
开本/ 640mm×920mm　1/16
印张/ 9　字数/ 100千
书号/ ISBN 978-7-5472-1038-3
定价/ 29.80元